I0166897

Antiguos imperios africanos

Una fascinante guía sobre los principales reinos y civilizaciones de África

© Copyright 2024

Todos los derechos reservados. Ninguna parte de este libro puede ser reproducida de ninguna forma sin el permiso escrito del autor. Los revisores pueden citar breves pasajes en las reseñas.

Descargo de responsabilidad: Ninguna parte de esta publicación puede ser reproducida o transmitida de ninguna forma o por ningún medio, mecánico o electrónico, incluyendo fotocopias o grabaciones, o por ningún sistema de almacenamiento y recuperación de información, o transmitida por correo electrónico sin permiso escrito del editor.

Si bien se ha hecho todo lo posible por verificar la información proporcionada en esta publicación, ni el autor ni el editor asumen responsabilidad alguna por los errores, omisiones o interpretaciones contrarias al tema aquí tratado.

Este libro es solo para fines de entretenimiento. Las opiniones expresadas son únicamente las del autor y no deben tomarse como instrucciones u órdenes de expertos. El lector es responsable de sus propias acciones.

La adhesión a todas las leyes y regulaciones aplicables, incluyendo las leyes internacionales, federales, estatales y locales que rigen la concesión de licencias profesionales, las prácticas comerciales, la publicidad y todos los demás aspectos de la realización de negocios en los EE. UU., Canadá, Reino Unido o cualquier otra jurisdicción es responsabilidad exclusiva del comprador o del lector.

Ni el autor ni el editor asumen responsabilidad alguna en nombre del comprador o lector de estos materiales. Cualquier desaire percibido de cualquier individuo u organización es puramente involuntario.

Índice

Introducción

Bienvenido al cautivador mundo de los antiguos imperios africanos. Prepárese para embarcarse en un extraordinario viaje a través del tiempo para explorar las asombrosas historias de las civilizaciones que una vez prosperaron en el continente africano. Este libro lo transportará al corazón de la antigua África, donde se alzaron y cayeron poderosos imperios.

La contribución de los imperios africanos a la historia y la civilización mundial es significativa, pero permanece en gran medida inexplorada. Este libro intenta cambiar esta situación. Desentrañaremos las enigmáticas historias de algunos de los imperios más ilustres de los anales de la civilización humana, centrándonos principalmente en Egipto, Cartago y Nubia. También investigaremos los legendarios reinos de Kush, Axum y Punt.

Comprender los legados de la historia africana proporciona una visión profunda de las raíces de la civilización humana. Estos imperios sentaron las bases de los avances culturales, tecnológicos y sociales que siguen influyendo en nuestro mundo actual. La diversa gama de imperios que aquí se muestran subraya la increíble diversidad y dinamismo que siempre han formado parte de África.

Este libro resume los complejos hechos y acontecimientos históricos que rodearon a estos antiguos imperios en un lenguaje fácil de entender. Sabemos lo mundanos que pueden ser los libros de historia. Dejan al lector sintiéndose perdido o confuso. Nuestro objetivo es que se sienta comprometido con el pasado y deseoso de aprender más.

Prepárese para dejarse cautivar por la grandeza de las pirámides, la brillantez de los estrategas militares, la mística de los rituales antiguos y la resistencia de las civilizaciones que prosperaron en una tierra donde los ecos de la historia aún resuenan en la actualidad.

Parte 1:
Humildes comienzos

Capítulo 1: La Edad de Piedra y las primeras civilizaciones

África es llamada la Cuna de la Humanidad, ya que se cree que la vida humana comenzó allí. La Edad de Piedra fue una época de aprendizaje y desarrollo de las costumbres, habilidades y organizaciones políticas que evolucionaron hasta convertirse en sofisticadas civilizaciones. Tres épocas distintas comprenden lo que denominamos Edad de Piedra y el comienzo de los seres humanos modernos.

La era paleolítica

El Paleolítico es el periodo más antiguo de la historia de la humanidad. Abarca desde hace aproximadamente 2,5 millones de años hasta alrededor de 10.000 a. e. c. en África. Durante esta época, los antepasados humanos vivían como cazadores-recolectores, dependiendo de los recursos naturales de la tierra para sobrevivir. En África, la era paleolítica estuvo marcada por el uso de herramientas de piedra y roca, que eran esenciales para cazar, cortar y otras tareas cruciales para la supervivencia. Estas herramientas se fabricaban principalmente con sílex, pedernal, obsidiana y otras piedras disponibles localmente. Las hachas de mano achelenses, un tipo distintivo de herramienta bifacial caracterizada por su forma de lágrima, se utilizaban comúnmente durante el Paleolítico Inferior (la parte más temprana del Paleolítico). Estas hachas de mano eran herramientas versátiles utilizadas para cortar, picar y descuartizar.

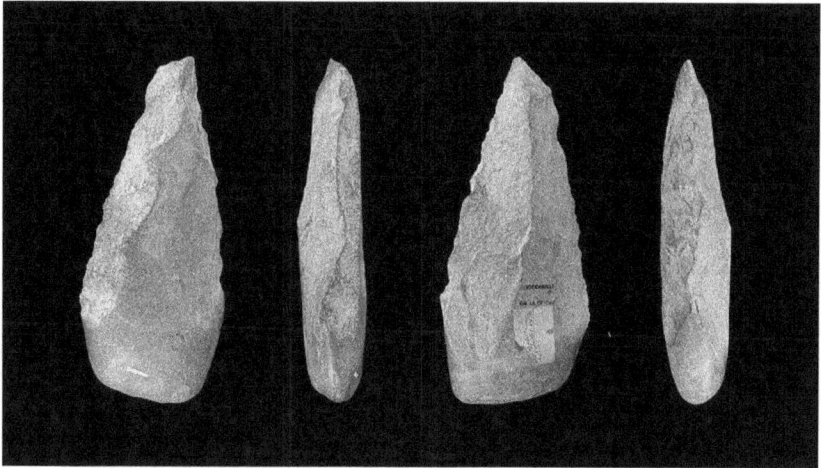

Diferentes vistas de un hacha de mano achelense[i]

El Paleolítico Medio vio la aparición de herramientas más sofisticadas, como la técnica Levallois, que permitía la producción de lascas y hojas especializadas. Estas innovaciones indican un mayor nivel de habilidades cognitivas y técnicas entre las poblaciones paleolíticas.

Los humanos paleolíticos de África eran principalmente cazadores-recolectores nómadas. Dependían de la caza de animales como el antílope, el búfalo y el jabalí, así como de la recolección de plantas comestibles, frutos y nueces. El descubrimiento de huesos fosilizados de animales con marcas de cortes y herramientas de piedra en yacimientos como la garganta de Olduvai, en Tanzania, aporta pruebas fehacientes de las primeras prácticas de caza y carnicería durante el Paleolítico[i].

El dominio del fuego fue un hito importante durante el Paleolítico. La capacidad de controlar y utilizar el fuego proporcionó a la gente calor, protección y los medios para cocinar los alimentos, lo que influyó profundamente en la dieta y la supervivencia. Yacimientos arqueológicos como la cueva de Wonderwerk, en Sudáfrica, han aportado pruebas de los primeros hogares y del uso del fuego, que se remontan a hace más de un millón de años.

Arte rupestre sahariano

A lo largo del Paleolítico, la cultura y la tecnología evolucionaron gradualmente. Esta evolución está marcada por el desarrollo de nuevos

[i] Kessing, F. M. (2024, 9 de enero). Stone Age-African Tools, Artifacts, Culture. Extraído de Britannca.com: https://www.britannica.com/event/Stone-Age/Africa.

tipos de herramientas, una mayor complejidad social y posibles variaciones regionales. Aunque menos frecuentes que en periodos posteriores, existen algunas pruebas de expresión artística del Paleolítico en África. Esto incluye arte rupestre, grabados y esculturas.

Uno de los aspectos más intrigantes del Paleolítico africano es el arte rupestre sahariano. Estas antiguas obras de arte proporcionan una ventana a las vidas y creencias de los primeros africanos. Encontradas en diversas regiones del desierto del Sáhara, estas pinturas y grabados rupestres representan escenas de la vida cotidiana, animales y motivos espirituales o rituales. Ofrecen una valiosa visión de las expresiones artísticas y culturales de las antiguas comunidades africanas. La cueva de Blombos, en Sudáfrica, contiene piezas grabadas en ocre que sugieren símbolos primitivos o comportamientos creativos[i].

Arte mural hallado en una cueva de Chad[2]

A medida que el clima y el medioambiente de África fluctuaron durante el Paleolítico, los humanos tuvieron que adaptarse a las condiciones cambiantes. Es probable que esto influyera en la configuración de sus técnicas de fabricación de herramientas y sus estrategias de explotación de los recursos. Durante los periodos de

[i] Museum, T. B. (2024, 9 de enero). Rock art and the origins of art in Africa. Retrieved from Khanacademy.org: https://www.khanacademy.org/humanities/ap-art-history/global-prehistory-ap/paleolithic-mesolithic-neolithic-apah/a/apollo-11-stones.

cambio climático, cuando grandes zonas de África se volvieron más secas, las poblaciones paleolíticas se adaptaron, trasladándose a regiones más favorables y ajustando sus estrategias de subsistencia en función a ello[i].

La era mesolítica

El Mesolítico en África, también conocido como Edad de Piedra Media, fue un periodo de transición que siguió al Paleolítico y precedió al Neolítico. Esta era abarcó desde alrededor de 10.000 a 5000 a. e. c. y fue testigo de cambios significativos en las sociedades humanas y sus formas de vida. El Mesolítico marcó el paso de estilos de vida nómadas de cazadores-recolectores a comunidades más asentadas y organizadas, sentando las bases para la posterior aparición de la agricultura y la revolución neolítica. Aunque la caza y la recolección siguieron siendo importantes, las comunidades mesolíticas empezaron a establecer campamentos más permanentes y no vagaban constantemente.

En el Mesolítico, las herramientas de piedra se hicieron más especializadas y refinadas. Aunque algunas de las herramientas siguieron fabricándose con piedra, se experimentó con otros materiales, como el hueso y la madera, lo que condujo al desarrollo de nuevos tipos de herramientas. La creación de microlitos, cuchillas de piedra diminutas y muy eficaces, fue un avance notable. Los microlitos se utilizaron como componentes de herramientas compuestas, como lanzas y flechas, lo que indica un avance en la tecnología de la caza.

El arte en el Mesolítico

Las comunidades mesolíticas africanas dejaron tras de sí pruebas de expresión cultural, aunque menos elaborada que en periodos posteriores. Esto incluía la creación de arte a pequeña escala, como tallas y grabados en huesos, piedra y conchas. La cueva Apolo 11 de Namibia data del periodo mesolítico y contiene algunos de los primeros ejemplos conocidos de arte mobilar en África. Estos artefactos incluyen piezas de piedra grabadas con diseños geométricos y abstractos[ii].

---

[i] Instituto Smithsoniano. (2024, 3 de enero). Climate Effects on Human Evolution. Extraído de Humanorigons.si.edu: https://humanorigins.si.edu/research/climate-and-human-evolution/climate-effects-human-evolution.

[ii] Cerise Myers, E. C. (2024, 9 de enero). 5.2 Mesolithic Art. Extraído de Libretexts.org: https://human.libretexts.org/Bookshelves/Art/Introduction_to_Art_History_I_%28Myers%29/05%3A_Art_of_the_Stone_Age/5.02%3A_Mesolithic_Art.

Cambios sociales

El Mesolítico en África coincidió con fluctuaciones climáticas, incluida la transición del último máximo glacial a un clima más cálido y estable. Como resultado, las poblaciones humanas tuvieron que adaptarse a las cambiantes condiciones medioambientales. Las poblaciones comenzaron a ajustarse a los entornos regionales y a la disponibilidad de recursos. En este periodo se produjo una diversificación de los tipos de alimentos consumidos, incluida una mayor dependencia de los recursos marinos en las regiones costeras. Las comunidades mesolíticas costeras de zonas como el litoral sudafricano se dedicaron a la recolección de mariscos y a la pesca, utilizando tanto recursos marinos como terrestres para su sustento.

El periodo Mesolítico fue testigo de innovaciones en la organización social y la tecnología. Aunque no eran tan complejas como las sociedades del Neolítico, había pruebas de una mayor cooperación social y del desarrollo de herramientas más sofisticadas. La aparición de la tecnología pesquera, incluidos los arpones y las redes de pesca, sugiere un nivel de coordinación y especialización en las comunidades mesolíticas a medida que se adaptaban a los recursos acuáticos[i].

África fue testigo de muchas migraciones durante el Mesolítico. Los principales grupos lingüísticos, como las nigerocongolesas, empezaron a hacerse notar a medida que el Sáhara se volvía más seco. Más tarde, los bantúes se extendieron por África central, oriental y meridional, desplazando a pueblos indígenas como los pigmeos.

Las sociedades se formaron gracias al desarrollo de las relaciones tribales. Era típica la división del trabajo basada en el género, en la que los hombres se encargaban de la caza y la pesca, y las mujeres de la alimentación a base de plantas[ii]. Se celebraban ceremonias de transición de niño a adulto con ritos de iniciación establecidos. Estas ceremonias y pruebas transmitían los hábitos de trabajo, las tradiciones orales y los

---

[i] Kessing, F. M. (2024, 9 de enero). Stone Age-African Tools, Artifacts, Culture. Extraído de Britannca.com: https://www.britannica.com/event/Stone-Age/Africa.

[ii] Hay que señalar que la división del trabajo no estaba grabada en piedra. Los momentos de necesidad podían requerir que las mujeres ayudaran en la caza o que los hombres recogieran plantas. Los distintos grupos tribales también habrían practicado tradiciones diferentes. Sin embargo, a grandes rasgos, los hombres solían cazar mientras que las mujeres recolectaban plantas y otros materiales.

conocimientos sagrados de una generación a la siguiente[i].

El Mesolítico en África representa una fase crucial en la historia de la humanidad, tendiendo un puente entre el estilo de vida cazador-recolector del Paleolítico y la revolución agrícola del Neolítico. Fue una época de experimentación, adaptación y desarrollo gradual de tecnologías y estructuras sociales que allanaron el camino a profundos cambios.

La era neolítica

El Neolítico, a menudo denominado Edad de Piedra Tardía, fue un periodo de transformación en África que siguió al Mesolítico. El Neolítico marcó un cambio significativo en las sociedades humanas, caracterizado por la adopción generalizada de la agricultura, la domesticación de animales, así como comunidades más asentadas y basadas en la agricultura. El Neolítico en África abarcó desde alrededor del 5000 al 2000 a. e. c., dependiendo de la región.

Producción alimentaria

El rasgo más definitorio del Neolítico fue el desarrollo de la agricultura. Las sociedades africanas empezaron a cultivar cosechas y a criar animales, lo que les proporcionó un suministro de alimentos más fiable y abundante. En el valle del Nilo, en Egipto, el cultivo del trigo y la cebada se practicaba ya en el año 5000 a. e. c., lo que transformó la región en un granero y permitió el crecimiento de la población.

En consonancia con el paso a la agricultura, el Neolítico fue testigo de la domesticación de los animales para diversos fines, como proporcionar carne, leche, lana y fuerza laboral. Esto marcó un paso crucial en la historia de la humanidad, que condujo a economías más complejas y diversificadas. En el norte de África destacó la domesticación del ganado vacuno y ovino. En la región sahariana surgieron las sociedades pastorales, que dependían del pastoreo de animales domesticados para su sustento.

Asentamientos

Las comunidades neolíticas establecieron asentamientos más permanentes, en transición desde el estilo de vida seminómada de sus antepasados mesolíticos. Estas comunidades construyeron a menudo

---

[i] S., A. (2015, 21 de diciembre). Mesolithic Social Life and Art. Extraído de Shorthistory.org: https://www.shorthistory.org/prehistory/mesolithic-social-life-and-art/.

estructuras más sustanciales y se dedicaron a una planificación urbana rudimentaria. El yacimiento arqueológico de Nabta Playa, en el desierto de Nubia, revela pruebas de complejas estructuras de piedra similares a Stonehenge, que potencialmente sirvieron como marcadores de acontecimientos astronómicos. Estas estructuras sugieren un nivel de organización social y planificación arquitectónica[i].

A medida que las poblaciones africanas se asentaban en comunidades permanentes y trabajaban para generar excedentes alimentarios, las sociedades neolíticas tuvieron la oportunidad de dedicarse a la artesanía especializada, así como a desarrollar herramientas y tecnologías más sofisticadas. El uso de la cerámica se generalizó durante este periodo. Los africanos neolíticos crearon vasijas de cerámica para almacenar, cocinar y con fines ceremoniales. La alfarería permitió procesar y almacenar alimentos de forma más eficiente[ii].

Jerarquía social y sociedad

A medida que las poblaciones crecían y las comunidades se asentaban, surgieron jerarquías sociales y estructuras organizativas. Las funciones de liderazgo y las divisiones del trabajo se hicieron más definidas. Las pequeñas aldeas o los asentamientos de clanes acabaron evolucionando hasta convertirse en ciudades-estado. La agricultura fue el principal motor de las complejas estructuras sociales del Neolítico.

En el desierto occidental de Egipto se han encontrado ejemplos de importantes asentamientos neolíticos. Sheikh el-Obeiyid cuenta con veinticinco cabañas circulares y ovaladas. Otro hallazgo arqueológico significativo es el yacimiento 270 del oasis de Dakhla. Los arqueólogos descubrieron doscientas cabañas de piedra circulares y rectangulares, agrupadas en conjuntos que podrían haber sido grupos sociales. Estas sugieren evidencias de planificación comunitaria. Los grandes edificios comunales (algunos de hasta doce metros de largo) podrían haber servido como centros de autoridad o para rituales[iii].

---

[i] Smith, P. (2015, 16 de septiembre). Nabta Playa: The Oldest Man-Made Structure in the World. Extraído de Historic Cornwell: https://www.historic-cornwall.org.uk/nabta-playa-the-oldest-man-made-structure-in-the-world/.

[ii] Huysecom, E. (2024, 9 de enero). Arguments for an Early Neolithic in Sub-Saharan Africa. Extraído de Ounjougou.org: https://www.ounjougou.org/en/projects/mali/archaeology/arguments-for-an-early-neolithic-in-sub-saharan-africa/.

[iii] Revista del Antiguo Egipto. (2023, 6 de febrero). Neolithic Settlements of the Western Desert:

El Neolítico en África sentó las bases de sociedades más complejas y duraderas en el continente. El paso de la caza y la recolección a la agricultura y la ganadería fue un salto revolucionario que propició el crecimiento demográfico, las innovaciones tecnológicas y el surgimiento de las primeras civilizaciones.

En resumen

Los periodos paleolítico, mesolítico y neolítico son los cimientos de las primeras civilizaciones africanas. Cuando observamos la Edad de Piedra, desde su uso de herramientas de piedra que gradualmente se convirtieron en herramientas más complejas hasta el arte rupestre sahariano que comunica las vidas y aspiraciones de los primeros pobladores, pasando por la transición de las sociedades nómadas de cazadores-recolectores a las comunidades agrícolas asentadas, podemos ver los primeros pasos de la evolución de las culturas posteriores.

Estos acontecimientos fundamentales sentaron las bases para el surgimiento de las primeras grandes civilizaciones africanas, preparando el terreno para una historia rica y perdurable.

Proto-villages of Stone Age Egypt. Extraído de the-past.com: https://the-past.com/feature/neolithic-settlements-of-the-western-desert-proto-villages-of-stone-age-egypt/.

Capítulo 2: La edad de los grandes metales: Las Edades del Cobre, del Bronce y del Hierro

En este capítulo, profundizaremos en tres grandes épocas que configuraron el pasado antiguo de África: la Edad del Cobre, la Edad del Bronce y la Edad del Hierro. Cada época representa un importante salto adelante en el panorama cultural, económico y tecnológico del continente. Para proporcionar una comprensión global, exploraremos los desarrollos e innovaciones clave de cada periodo y ofreceremos una cronología para ilustrar la progresión de los acontecimientos.

La Edad del Cobre en África (c. 4000 a. e. c.-c. 2500 a. e. c.)

Uno de los avances más significativos de la Edad del Cobre fue el descubrimiento y la utilización del cobre para diversos fines. Las primeras sociedades africanas aprendieron a extraer el mineral de cobre de las minas y a desarrollar técnicas de fundición para separar el cobre de su mineral. Esto marcó el inicio de la metalurgia en África.

Aunque la cronología exacta y los detalles específicos de la primera metalurgia del cobre en África varían según la región, está claro que hacia el año 4000 a. e. c., varias sociedades africanas ya experimentaban con el trabajo del cobre, marcando el inicio de la Edad del Cobre en el continente.

Las pruebas de la primitiva metalurgia del cobre proceden de yacimientos como Buhen, en Egipto, y varios lugares de la región de

Agadez, en Níger. Estos yacimientos contienen artefactos de cobre y restos de actividades de extracción y fundición de cobre. El cobre utilizado durante este periodo era a menudo relativamente puro, conocido como cobre nativo, que podía encontrarse en forma de pepitas en determinadas formaciones geológicas.

Avances tecnológicos

La metalurgia del cobre propició varios avances tecnológicos significativos que tuvieron repercusiones de gran alcance. Por ejemplo, los primeros metalúrgicos africanos desarrollaron métodos para calentar el mineral de cobre con el fin de separar el metal de las impurezas, sentando las bases para procesos metalúrgicos más sofisticados en épocas posteriores.

Las sociedades de la Edad del Cobre también empezaron a utilizar el cobre para crear una amplia gama de herramientas y armas. La maleabilidad del cobre permitió fabricar herramientas más duraderas y prácticas que las de piedra, hueso o madera. Las herramientas de cobre incluían cuchillos, hachas, cinceles y puntas de lanza, que mejoraron significativamente las prácticas agrícolas, la construcción y la caza.

A medida que avanzaba la metalurgia del cobre, surgieron artesanos especializados que sabían trabajar el cobre. Estos artesanos desempeñaron un papel fundamental en la producción de intrincados artefactos de cobre, como joyas y ornamentos. Esta especialización contribuyó a desarrollar una clase artesana diferenciada dentro de las sociedades africanas.

Comunidades asentadas

Las herramientas de cobre permitieron unas prácticas agrícolas más eficientes, lo que se tradujo en un aumento de la producción de alimentos y del crecimiento de la población. Este cambio marcó el inicio de estructuras sociales más complejas y estilos de vida sedentarios.

Los objetos de cobre se utilizaban en rituales y ceremonias. El cobre se utilizaba para esculturas en África, como demuestra una estatua de tamaño natural del faraón Pepi I, que gobernó en la sexta dinastía (c. 2325-2150 a. e. c.).

Cabeza de la estatua a tamaño natural de Pepi I[a]

En general, la Edad del Cobre en el África antigua fue una fase fundamental en la historia del continente, marcada por la aparición de la metalurgia, la innovación tecnológica, el crecimiento económico a través del comercio y la interacción, y los inicios de las sociedades asentadas. Estos desarrollos sentaron las bases para los futuros avances en la metalurgia y la evolución de las civilizaciones africanas.

Cronología de los acontecimientos clave de la Edad del Cobre

- 4000 a. e. c.: La evidencia más antigua del trabajo del cobre.
- 3500 a. e. c.: Expansión del uso del cobre en diferentes regiones.
- 2500 a. e. c.: Transición a la Edad de Bronce.

La Edad de Bronce en África (c. 2500 a. e. c.-c. 1000 a. e. c.)

La Edad de Bronce en la antigua África, que abarca aproximadamente desde el 2500 hasta el 1000 a. e. c., vio cómo las sociedades africanas hacían la transición de utilizar principalmente cobre a utilizar la aleación conocida como bronce, compuesta de cobre y estaño.

Las sociedades africanas descubrieron el arte de alear cobre con estaño, lo que dio lugar a la creación del bronce. Esta aleación, caracterizada por su resistencia y durabilidad, representó un avance significativo en la tecnología metalúrgica.

La adopción de herramientas de bronce revolucionó la agricultura durante la Edad de Bronce. Los arados y azadones de bronce mejoraron el cultivo del suelo, haciendo más eficiente la agricultura. El aumento de la productividad agrícola dio lugar a excedentes, al crecimiento de la población y al desarrollo de sociedades más grandes e intrincadas. La introducción del bronce para el armamento mejoró significativamente las capacidades de defensa e influyó en las estrategias militares. Las espadas, lanzas y armaduras de bronce se convirtieron en equipamiento estándar, alterando la dinámica de los conflictos y el poder en la región.

Importancia del comercio

El estaño es un ingrediente necesario para fabricar bronce y, aunque existen yacimientos de estaño en África central y meridional, no hay pruebas concluyentes de que existiera un comercio intraafricano de estaño durante la Edad de Bronce. Egipto tenía reservas de estaño en el desierto oriental, pero es posible que solo se explotaran después del año 2000 a. e. c. Mesopotamia tenía yacimientos de estaño y podría haber enviado el metal tan al oeste como Creta. Los lingotes de óxido, placas de metal que facilitaban el transporte del cobre o el estaño, podrían haberse exportado a Egipto a cambio de mercancías como cáscaras de huevo de avestruz. A través de Egipto, África pasó a formar parte de la red comercial del Mediterráneo oriental, y el comercio estimuló la expansión de los centros urbanos[i].

Sociedad y arte

La Edad de Bronce fue testigo de la aparición de sociedades más complejas en todo el continente africano. Estos núcleos urbanos sirvieron como puntos focales para una miríada de avances. La arquitectura monumental, como el complejo del templo de Karnak, demostró el poder y la opulencia de los reinos. El bronce trascendió su papel utilitario y desempeñó un papel vital en la expresión artística y la

---

[i] Robert Maddin, T. S. (1977). Tin in the Ancient Near East: Old Questions and New Finds. Extraído de Penn Museum: https://www.penn.museum/sites/expedition/tin-in-the-ancient-near-east/.

innovación arquitectónica[i].

Egipto tuvo sus años de gloria durante la Edad de Bronce. Los centros urbanos, como Tebas, exhibieron el poderío de esta nación y se creó arte a gran escala. Las tumbas nos permiten vislumbrar la grandeza de los faraones. Los dioses egipcios fueron una importante inspiración artística, aunque el arte egipcio también representaba a menudo a faraones y animales. Un artefacto esencial de la Edad de Bronce egipcia es la Paleta de Narmer con sus figuras semidesnudas.

El florecimiento cultural y artístico durante la Edad de Bronce sigue inspirando e influyendo en la historia y el patrimonio cultural de África. Constituye un testimonio de la adaptabilidad y el ingenio de las antiguas sociedades africanas a la hora de forjar el curso de su historia y su civilización.

<u>Cronología de los acontecimientos clave de la Edad de Bronce</u>

- 2500 a. e. c.: Aparición de la metalurgia del bronce.
- 1800 a. e. c.: Florecimiento de las redes comerciales de bronce.
- 1000 a. e. c.: Transición a la Edad de Hierro.

<u>La Edad de Hierro en África (c. 1000 a. e. c.-500 e. c.)</u>

Durante la Edad de Hierro, las sociedades africanas experimentaron una profunda transformación al pasar del uso del cobre y el bronce al del hierro. Antes se pensaba que el hierro se originó en Egipto, pero nuevas pruebas sugieren que la tecnología del trabajo del hierro se desarrolló de forma independiente y fue anterior a Egipto, en lo que hoy es Chad, la República Centroafricana y Sudán del Sur y se extendió hacia el oeste a lo largo del río Níger hasta la cultura Nok de África Occidental. Las migraciones bantúes ayudaron a difundir la tecnología[ii].

Uno de los rasgos definitorios de la Edad de Hierro en África fue el dominio de la metalurgia del hierro. El mineral de hierro, abundante en África occidental y meridional, se convirtió en la fuente principal para la fabricación artesanal de herramientas, armas y otros artículos de primera necesidad.

---

[i] College Sidekick.com. (2024, 13 de enero). The Bronze Age. Extraído de Collegesidekick.com: https://www.collegesidekick.com/study-guides/boundless-arthistory/the-bronze-age.

[ii] Openstax.org. (2024, 13 de enero). 9.2 The Emergence of Farming and the Bantu Migrations. Extraído de Openstax.org: https://openstax.org/books/world-history-volume-1/pages/9-2-the-emergence-of-farming-and-the-bantu-migrations.

Agricultura

La disponibilidad de herramientas de hierro revolucionó la agricultura en toda África. Los arados y azadones de hierro sustituyeron a sus predecesores, menos duraderos, permitiendo a los agricultores labrar la tierra con mayor eficacia que antes. Podían cultivar extensiones de tierra más importantes, lo que aumentó el rendimiento de las cosechas. Esta revolución agrícola tuvo un profundo impacto en la producción de alimentos, lo que dio lugar a excedentes, al crecimiento de la población y a la aparición de sociedades más complejas.

Avances militares

La durabilidad y eficacia del hierro en el armamento transformó la naturaleza de la guerra en África. Las espadas, lanzas y escudos de hierro se convirtieron en el equipamiento estándar de los ejércitos, lo que dio lugar a estrategias y tácticas militares más avanzadas. La capacidad de producir armas de hierro en cantidades más importantes y con mayor calidad influyó en la dinámica de poder de la época, determinando a menudo el auge y la caída de reinos e imperios.

Auge de los centros urbanos y del comercio

La Edad de Hierro fue testigo del crecimiento de los centros urbanos y de la formación de sociedades complejas. Estos núcleos urbanos sirvieron como puntos focales para el comercio, la administración y el intercambio cultural. Su desarrollo se caracterizó por estructuras arquitectónicas avanzadas, como murallas, palacios y centros ceremoniales. Esta transformación condujo al establecimiento de jerarquías políticas y estructuras estatales, dando lugar al surgimiento de influyentes reinos e imperios africanos.

El aumento de la producción de herramientas de hierro, así como los excedentes agrícolas, facilitaron el crecimiento de extensas redes comerciales. Las mercancías africanas, incluidas las herramientas de hierro, los metales preciosos y los productos agrícolas, se comercializaban dentro del continente y con las regiones vecinas. África Occidental se benefició significativamente del dominio de la metalurgia del hierro. El hierro dio origen al reino de Ife y a otros importantes reinos nigerianos[i].

---

[i] Ross, E. G. (2002, octubre). The Age of Iron in West Africa. Extraído de Metmuseum.org: https://www.metmuseum.org/toah/hd/iron/hd_iron.htm.

El arte durante la Edad de Hierro

El trabajo del hierro fue más allá de las herramientas útiles; desempeñó un papel importante en la expresión creativa y la innovación arquitectónica. Artefactos, esculturas y elementos decorativos de hierro adornaban los espacios religiosos y ceremoniales, reflejando la diversidad de tradiciones artísticas y creencias de las distintas sociedades africanas.

El hierro se utilizaba en África Occidental para la joyería, el arte y los instrumentos musicales. Tenía un significado espiritual en muchas culturas africanas. Estas creaciones artísticas mostraban la riqueza de la expresión cultural y servían como testimonio de la creatividad y la artesanía de la época.

Los artefactos de hierro se utilizaban a menudo en ceremonias y rituales religiosos, ya que se creía que poseían propiedades místicas. Se pueden encontrar pruebas del uso ritual de hornos de hierro en Tanzania y Ruanda[i].

El legado de la Edad de Hierro sigue influyendo en la historia y el patrimonio cultural de África. Allanó el camino para posteriores periodos de innovación y progreso en el continente.

Cronología de los acontecimientos clave de la Edad de Hierro

- 1000 a. e. c.: Aparición del trabajo del hierro.
- 500 a. e. c.: Surgimiento de destacados reinos africanos.
- 500 e. c.: Transición a la historia medieval africana.

En resumen

Las Edades del Cobre, del Bronce y del Hierro en África representan un extraordinario viaje de innovación, expresión cultural y transformación social. Estas épocas no solo marcan hitos tecnológicos, sino que también ponen de relieve la resistencia y adaptabilidad de las civilizaciones africanas. Comprender la cronología y los acontecimientos clave de cada época nos permite apreciar mejor estas antiguas sociedades africanas.

---

[i] Academic Accelerator. (2024, 13 de enero). Archaeological Evidence for the Origins and Spread of Iron Production in Africa. Extraído de Academic-accelerator.com: https://academic-accelerator.com/encyclopedia/iron-metallurgy-in-africa.

Parte 2:
Reinos y civilizaciones

Capítulo 3: Kush

El río Nilo ha sido el hogar de los pueblos durante milenios. El enigmático reino de Kush estaba situado a orillas del río. Esta antigua civilización, conocida por su rica historia y su importante influencia, es un interesante objeto de estudio para historiadores, arqueólogos y eruditos. Su relación con Egipto fluyó y refluyó, provocando interesantes desarrollos que, en un momento dado, llevaron a que el conquistador se convirtiera en el conquistado.

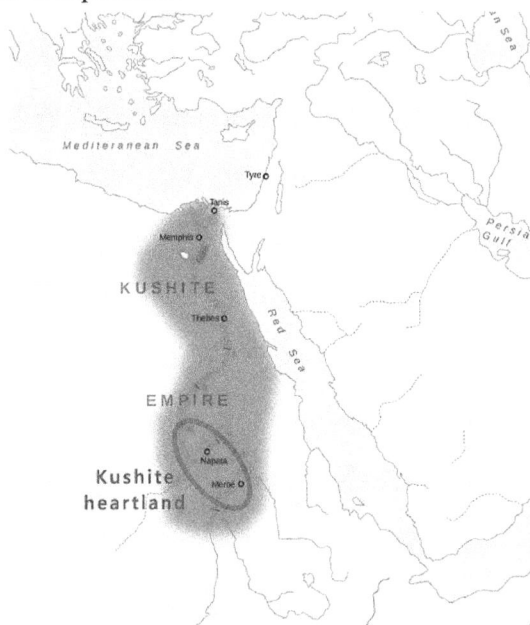

El reino de Kush alrededor del 700 a. e. c.[4]

La ubicación de Kush

Kush fue una antigua civilización africana que existió desde aproximadamente 1070 a. e. c. hasta 350 e. c. Su economía diversificada desempeñó un papel importante en las redes comerciales de la región, lo que la hizo económicamente crucial para Egipto y otras civilizaciones vecinas.

También conocida como Nubia, Kush floreció durante milenios, abarcando el actual Sudán y el sur de Egipto. La información sobre esta civilización procede de una combinación de descubrimientos arqueológicos, inscripciones y referencias en los registros de civilizaciones antiguas vecinas.

Las excavaciones realizadas en el valle del Nilo han desenterrado una gran cantidad de pruebas materiales, como arquitectura, cerámica, joyas y enterramientos. Por ejemplo, la antigua ciudad de Kerma era un centro fundamental de Kush, y los extensos hallazgos arqueológicos que se han realizado en ella han proporcionado valiosísimos datos sobre la cultura y la historia kushitas. La referencia más antigua que se conoce de Kush en los antiguos textos egipcios data de alrededor del año 2300 a. e. c. Los egipcios se referían a Kush como «Kas» o «Kas-ti», y estas referencias hablaban de la tierra al sur de Egipto y de las interacciones entre ambas regiones.

La economía de Kush

Kush no era un remanso empobrecido. Al igual que su vecino del norte, Egipto, era una región próspera que extraía gran parte de su riqueza del Nilo. La agricultura era la columna vertebral de la economía kushita. El fértil valle del río Nilo proporcionaba un entorno excelente para la agricultura. Los kushitas cultivaban cosechas como trigo, cebada, sorgo y diversos vegetales. También se dedicaban al pastoreo, criando ganado vacuno, cabras y ovejas. Las inundaciones anuales del Nilo aseguraban un suelo fértil para sus actividades agrícolas.

El Nilo suministraba algo más que el agua necesaria para los cultivos. Era un factor importante en la economía comercial de los kushitas. Kush estaba estratégicamente situada a lo largo del Nilo, lo que la convertía en un centro comercial crucial. El reino de Kush servía de puente entre Egipto, al norte, y el África subsahariana, al sur. La posición geográfica de Kush en la encrucijada de las rutas comerciales entre Egipto y el interior de África lo convirtió en un centro comercial de gran importancia. Algunas de las mercancías que contribuyeron a su valor comercial fueron el oro, el marfil y los productos exóticos.

Kush era conocido por sus yacimientos de oro, especialmente en el desierto de Nubia y en las colinas del mar Rojo. El reino de Kush fue una importante fuente de oro para Egipto y otras civilizaciones mediterráneas. Los faraones egipcios estaban especialmente interesados en mantener buenas relaciones con Kush para poder disfrutar de un suministro constante de este metal precioso.

El reino de Kush controlaba el comercio de marfil, una valiosa mercancía muy codiciada por las regiones vecinas. Kush también facilitaba el intercambio de diversas mercancías exóticas, como maderas raras, piedras preciosas y artículos de lujo, lo que aumentaba aún más su importancia comercial[i].

Kush controlaba el curso superior del río Nilo, lo que le permitía regular y gravar el comercio que pasaba por su territorio. Su control sobre el Nilo también le permitía imponer peajes y aranceles a las mercancías que pasaban por el río.

Sociedad kushita

Como muchas sociedades antiguas, Kush tenía una estructura social jerárquica. En la cima de la jerarquía se encontraba la clase dirigente, que incluía a los monarcas (reyes y reinas) y a la nobleza. Por debajo de ellos se encontraban los sacerdotes, los administradores y los líderes militares. El pueblo llano constituía la mayor parte de la población, incluidos agricultores, artesanos y obreros. Dado que los kushitas participaban en el comercio de esclavos, es probable que su sociedad también contara con personas esclavizadas.

La religión desempeñó un papel importante en la sociedad kushita. No existía una religión kushita formal y el pueblo practicaba una mezcla de creencias religiosas indígenas africanas y tradiciones religiosas de inspiración egipcia. El énfasis de su religión era que la persona fuera una con el mundo natural y viviera en armonía. Adoraban a un panteón de deidades y a menudo incorporaban dioses y diosas egipcios a sus prácticas religiosas. Sebiumeker, señor de la fertilidad y la procreación, era un dios principal. Los templos y monumentos religiosos, como el templo del León en Naqa, eran centros importantes.

---

[i] Kemezis, K. (2009, 22 de noviembre). Ancient Kush (2nd Millennium B.C. - 4th Century A.D.). Extraído de Blackpast.org: https://www.blackpast.org/global-african-history/ancient-kush-2nd-millennium-b-c-4th-century-d/.

La sociedad kushita hablaba el cushítico, que probablemente formaba parte de la familia lingüística nilosahariana. Sin embargo, la élite y la clase culta utilizaban un sistema de escritura muy influenciado por los jeroglíficos egipcios[i].

Arte y arquitectura

Al estar situada estratégicamente en la encrucijada de las rutas comerciales africanas y mediterráneas, la sociedad kushita tuvo amplias interacciones con las civilizaciones vecinas, como Egipto, el mundo mediterráneo y otras sociedades africanas. Estas interacciones influyeron en su cultura y su arte.

La sociedad kushita poseía un rico patrimonio artístico y cultural. Desarrollaron un estilo artístico, a menudo caracterizado por pinturas murales narrativas, cerámica fina de cáscara de huevo y estatuas de bronce de deidades y monarcas. El reino de Kush es famoso por sus características pirámides de lados empinados, que se utilizaban como tumbas para la realeza y la nobleza. Existen ejemplos notables en Meroë y Jebel Barkal[ii].

Los lazos económicos entre Egipto y Kush también condujeron al intercambio cultural. El arte, la tecnología y las creencias religiosas egipcias influyeron en la cultura kushita y viceversa: el intercambio de ideas y prácticas enriqueció a ambas civilizaciones.

Gobernanza

La estructura política de Kush evolucionó a lo largo de los años. La región pasó gradualmente de ser una serie de ciudades-estado independientes a un poderoso reino. Kush surgió sobre las cenizas de una civilización anterior, Kerma, y sería la base de su estado sucesor, Meroë. Cada uno de ellos tenía sus propios gobernantes y una autoridad centralizada, y fueron fases distintas del desarrollo de Kush como reino y como civilización.

[i] Marc. (2022, 14 de octubre). The Kush Kingdom: A Major Power in the Ancient World. Extraído de Ilovelanguages.com: https://www.ilovelanguages.com/the-kush-kingdom-a-major-power-in-the-ancient-world/.

[ii] Kemezis, K. (2009, 22 de noviembre). Ancient Kush (2nd Millennium B.C. - 4th Century A.D.). Extraído de Blackpast.org: https://www.blackpast.org/global-african-history/ancient-kush-2nd-millennium-b-c-4th-century-d/.

Kush c. 1070-300 a. e. c.

Tras el declive del reino de Kerma (que tiene su propio capítulo más adelante en este libro), surgió el reino de Kush en la región de Napata, cerca de la actual Karima, en Sudán. El reino kushita adoptó elementos de la cultura y la religión egipcias, incluido el culto a las divinidades egipcias. Los gobernantes de Napata construyeron pirámides similares a las de Egipto, simbolizando su estatus e influencia. La más famosa de ellas es la pirámide de Taharqa. Con el tiempo, Kush tuvo que hacer frente a los desafíos políticos de asirios y persas, y fue sucedido por el reino meroítico.

Reino meroítico (300 a. e. c.-350 e. c.)

El reino meroítico fue el periodo más duradero de la civilización kushita. Tuvo su centro en la ciudad de Meroë, situada cerca de la moderna ciudad de Shendi, en Sudán.

Uno de los rasgos más distintivos del reino meroítico fue su propia escritura, conocida como escritura meroítica, que solo se ha descifrado parcialmente. La escritura cursiva meroítica se utilizaba para llevar registros, y los jeroglíficos meroíticos se empleaban para inscripciones en monumentos y documentos. El reino meroítico era conocido por su avanzada industria del trabajo del hierro, que producía herramientas y armas de hierro de gran calidad.

El reino meroítico decayó, posiblemente debido a una combinación de factores, incluyendo invasiones y rebeliones internas. El reino de Axum acabó sustituyéndolo en el siglo IV e. c.

La conexión egipcia

La situación geográfica de Kush lo convirtió en un socio estratégico para Egipto. Los dos reinos entablaron a menudo relaciones diplomáticas, alianzas y acuerdos comerciales. Egipto dependía de Kush para obtener valiosos recursos y materiales, como oro e incienso, que eran esenciales para fines religiosos y económicos. A cambio, Kush se beneficiaba del apoyo militar y político de Egipto, que le ayudaba a mantener su independencia y seguridad.

La conquista de Kerma por los egipcios fue un revés, pero no significó que los kushitas se desvanecieran en la historia. Volvieron a ocupar un lugar destacado varios siglos después. El auge del reino de Kush hacia 1070 a. e. c. se asocia a menudo con el declive del Imperio Nuevo de Egipto y la desintegración del control egipcio sobre sus territorios meridionales.

El Imperio Nuevo de Egipto comenzó a experimentar luchas internas y amenazas externas. Los faraones se debilitaron y Egipto quedó dividido por luchas de poder y gobernantes rivales. La dinastía XX de Egipto (c. 1186-1069 a. e. c.) estuvo marcada por la inestabilidad política y el declive de la autoridad centralizada, lo que creó un vacío de poder que permitió a las fuerzas externas ganar influencia.

Egipto se enfrentó a las invasiones de varias potencias extranjeras durante este periodo. Las invasiones de los libios y de los pueblos del mar perturbaron el dominio egipcio y debilitaron la autoridad central. Los libios consiguieron establecerse en el delta del Nilo. Egipto estaba demasiado ocupado luchando contra los atacantes del norte como para preocuparse por lo que ocurría en el sur. Kush siguió controlando importantes rutas comerciales que conectaban Egipto con el interior de África, lo que permitió a los kushitas obtener riquezas y recursos y reforzar aún más su posición en la región.

Una vez conquistados, ahora los conquistadores

Los gobernantes kushitas extendieron su influencia al Alto Egipto, haciéndose con el control de ciudades y regiones clave. Su presencia y autoridad en el Alto Egipto desafió a los restos del dominio egipcio y estableció aún más el dominio kushita en la zona.

El reino de Kush lanzó una serie de campañas militares en Egipto. Estas campañas estaban dirigidas por gobernantes kushitas que pretendían afirmar su autoridad sobre los territorios egipcios. Los gobernantes kushitas formaron alianzas con líderes egipcios locales que estaban descontentos con la fragmentación política existente. Estos líderes locales veían a los gobernantes kushitas como potenciales unificadores que podrían restaurar la estabilidad y la autoridad central en Egipto.

La conquista de Egipto fue finalizada por Piye (también conocido como Pianjy) alrededor del 727 a. e. c., y estableció la dinastía XXV de Egipto. Los gobernantes kushitas consolidaron con éxito su poder en Egipto, extendiendo su autoridad tan al norte como el delta del Nilo. Crearon una administración centralizada y promovieron la estabilidad política en las regiones que controlaban[i].

---

[i] K. Krois. Hirst. (2019, 12 de mayo). The Kingdom of Kush: Sub-Saharan African Rulers of the Nile. Extraído de Thoughtco.com: https://www.thoughtco.com/the-kingdom-of-kush-1714641.

La dinastía XXV

El control de Egipto por parte de los kushitas se hizo más accesible gracias a los siglos pasados de asimilación. Los faraones kushitas veneraban a los dioses egipcios y construyeron templos para ellos, lo que les ayudó a ganarse la aceptación de la población egipcia y legitimó su dominio. Los gobernantes kushitas también iniciaron varios proyectos culturales y de construcción durante su dominio en Egipto. Construyeron pirámides, templos y monumentos, contribuyendo al patrimonio arquitectónico de la región. Los nuevos gobernantes de Egipto llevaban la doble corona de los faraones anteriores.

Estatuas de algunos faraones de finales de la dinastía XXV [5]

La dinastía XXV solo sobrevivió durante un breve periodo. El control kushita de Egipto duró varias décadas, con diversos grados de éxito. Sin embargo, su dominio acabó enfrentándose a los desafíos de los asirios, que invadieron Egipto a finales del siglo VIII a. e. c. Los asirios consiguieron derrotar a los gobernantes kushitas y acabaron efectivamente con el control de la dinastía XXV sobre Egipto. Los kushitas se retiraron a su tierra natal en Kush y Egipto cayó bajo el control de potencias extranjeras.

Kush siguió siendo una potencia regional, pero se debilitó tras la ocupación romana de Egipto. Kush se derrumbó en el siglo IV e. c.

En resumen

El control de Egipto por parte de la dinastía XXV representó un capítulo único en la historia de ambas regiones, demostrando la fluidez del poder en el África antigua y la influencia de los reinos vecinos. Los kushitas dejaron una huella significativa en la historia y la cultura egipcias durante su dominio, y su legado perdura en el registro arqueológico e histórico.

Capítulo 4: Axum

El reino de Axum, enclavado en las regiones septentrionales de las actuales Etiopía y Eritrea, es un capítulo fascinante de los anales de la historia africana. Floreciente desde alrededor del siglo I a. e. c. hasta el siglo VII e. c., Axum es conocida por su polifacética y rica civilización, que incluyó la introducción del cristianismo en la región y las posteriores obras de arte y arquitectura.

Centro comercial

La economía de Axum era una potencia impulsada principalmente por el comercio y la agricultura, que desempeñaron un papel fundamental en el auge y la prosperidad del reino. La situación estratégica de Axum en la encrucijada de importantes rutas comerciales, la convirtió en un centro ideal para el comercio. Su posición a lo largo de la costa del mar Rojo y su control sobre los principales puertos, como el de Adulis, le permitieron dominar el comercio marítimo de la región. Al oeste, el reino tenía acceso al río Nilo, lo que permitía conexiones comerciales interiores con el interior de África.

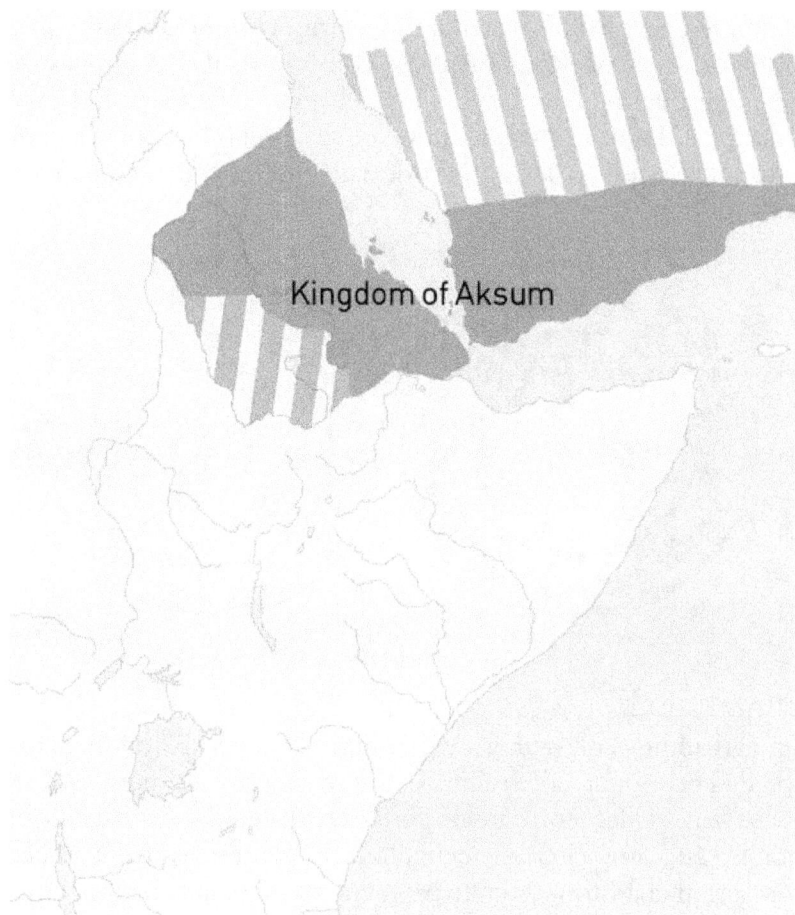

El reino de Axum en su mayor extensión[6]

El mar Rojo era un corredor vital que conectaba África con la península arábiga, el subcontinente indio y el mundo mediterráneo. Esta ventaja geográfica convirtió a Axum en un bullicioso centro comercial donde convergían mercancías procedentes de tierras lejanas.

Axum se dedicó al comercio con diversas regiones, forjando lazos económicos con el Imperio romano, Persia, la India y la península arábiga. Las exportaciones del reino incluían marfil, oro, especias, obsidiana y animales exóticos. Entre sus exportaciones más preciadas estaba el incienso, una fragante resina de goma muy buscada en el mundo antiguo. A cambio, Axum importaba artículos de lujo como textiles, cerámica, cristalería y metales preciosos. Estas relaciones comerciales enriquecieron al reino y le permitieron acumular riqueza y prestigio en la escena mundial.

Axum tenía su propio sistema monetario, con monedas de oro, plata y bronce. Estas monedas, conocidas como monedas aksumitas, servían como medio de intercambio dentro del reino y facilitaban el comercio internacional. La existencia de monedas aksumitas en diversas partes del mundo antiguo es un testimonio de las amplias redes comerciales del reino.

Monedas del rey Ezana[7]

Proeza agrícola

La agricultura era vital para garantizar la seguridad alimentaria y la estabilidad económica del reino. Las tierras altas y las mesetas de Axum estaban bendecidas con suelos fértiles y patrones de precipitaciones favorables que propiciaban la agricultura. La productividad agrícola de la región sustentaba diversos cultivos, como el mijo, la cebada, el trigo y el teff.

Los aksumitas eran hábiles practicantes de la agricultura en terrazas. Esta técnica consistía en construir plataformas agrícolas escalonadas en terrenos accidentados. La agricultura en terrazas maximizaba la producción agrícola y mitigaba la erosión del suelo, garantizando la sostenibilidad a largo plazo[i].

Logros en infraestructuras

El éxito económico de Axum no dependía únicamente de una geografía favorable y de las prácticas agrícolas. Los avances tecnológicos y las infraestructuras del reino también fueron cruciales.

---

[i] Eries.org. (2024, 13 de enero). Kingdom of Aksum. Extraído de Eriesd.org: https://www.eriesd.org/cms/lib/PA01001942/Centricity/Domain/1041/6.2%20The%20Kingdom%20of%20Aksum-1.pdf.

Los aksumitas fueron pioneros en la construcción de presas y embalses para gestionar los recursos hídricos. Estas estructuras eran fundamentales para el riego, el suministro de agua para los cultivos y la regulación de las inundaciones estacionales. Las proezas de ingeniería de los aksumitas en el aprovechamiento y la distribución de los recursos hídricos pusieron de relieve su capacidad para adaptarse a los retos que planteaba su entorno.

Axum es famosa por su impresionante arquitectura de piedra, con obeliscos, estelas y estructuras monumentales que dan testimonio de las avanzadas habilidades de cantería e ingeniería del reino. Los imponentes obeliscos y estelas cumplían diversas funciones, desde marcar tumbas hasta conmemorar a los gobernantes y sus logros. Estos monumentos también mostraban la destreza artística del reino. Algunos ejemplos de los impresionantes obeliscos y estelas de Axum son el obelisco de Axum, la estela del rey Ezana y la Gran Estela de Axum.

El obelisco de Axum[8]

Estructura social

Comprender la sociedad aksumita es esencial para entender la dinámica del reino durante su apogeo. La sociedad aksumita estaba jerarquizada y se caracterizaba por distintas clases sociales. En la cúspide se situaba la élite gobernante, compuesta por el rey y la nobleza. Por debajo de ellos se encontraban los hombres libres y los campesinos que trabajaban la tierra, asegurando la productividad agrícola del reino. La esclavitud también formaba parte de la sociedad aksumita, con personas esclavizadas adquiridas principalmente a través de la guerra y el comercio.

Axum estaba gobernada por una monarquía, con el rey como autoridad central. Se creía que el linaje del rey aksumita se remontaba a la legendaria reina de Saba y al rey Salomón, lo que dotaba a la monarquía de un fuerte sentido de legitimidad. La estructura política del reino estaba centralizada, con provincias y gobernantes locales sometidos a la autoridad del rey.

El ejército aksumita era una fuerza formidable, vital para salvaguardar las rutas comerciales y proteger el reino. El ejército del reino incluía infantería, caballería y arqueros, y era famoso por el uso de elefantes de guerra, que proporcionaban una ventaja significativa en la batalla.

Religión de Axum

La religión ocupó un lugar central en la cultura y la sociedad aksumitas, y el reino realizó importantes contribuciones a la historia temprana del cristianismo. Los aksumitas practicaban una forma distintiva de cristianismo conocida como cristianismo etíope ortodoxo tewahedo. El término «Tewahedo» se traduce como «hecho uno». Refleja el compromiso de la iglesia con las doctrinas cristianas ortodoxas y su énfasis en la unidad dentro de la fe. Esta forma de cristianismo se sigue practicando en Etiopía en la actualidad.

Esta fe fue fundamental en la conformación de la identidad y la cultura aksumitas. En el siglo IV e. c., el cristianismo fue adoptado oficialmente como religión del Estado, convirtiendo a Axum en uno de los primeros reinos cristianos del mundo.

El cristianismo ortodoxo tewahedo de Etiopía presenta prácticas litúrgicas, rituales y tradiciones distintivas que lo diferencian de otras confesiones cristianas. La iglesia concede una importancia significativa al Antiguo Testamento y hace hincapié en siete sacramentos similares a los observados por la Iglesia católica romana[i]. Entre ellos se incluyen los siguientes:

---

[i] EOTC. (2024, 13 de enero). Beliefs and Teachings of Ethiopian Orthodox Tewahedo Church. Extraído de keraneyo-medhanealem.com https://www.keraneyo-medhanealem.com/beliefs-and-origins-7-sacraments-of.

- Bautismo
- Confirmación
- Santa Comunión
- Ordenación
- Santo matrimonio
- Misterio de la penitencia
- Unción de los enfermos

La Iglesia ortodoxa etíope mantiene una estructura jerárquica del clero, que incluye sacerdotes, diáconos y obispos. En la cúspide de esta jerarquía se encuentra el patriarca etíope, conocido como «abuna». El abuna es la máxima autoridad eclesiástica de la Iglesia ortodoxa etíope y desempeña un papel crucial en la orientación de la vida espiritual de los fieles.

Las iglesias y los monasterios son elementos centrales de la vida religiosa. Algunas de las iglesias aksumitas más notables son iglesias excavadas en la roca, como las emblemáticas iglesias excavadas en la roca de Lalibela. El monacato también desempeña un papel vital en la ortodoxia etíope, con monjes y comunidades monásticas que preservan las tradiciones religiosas y los manuscritos.

Una de las iglesias excavadas en la roca en Lalibela[9]

La Iglesia ortodoxa etíope sigue prosperando y ejerce una poderosa influencia en la era moderna. La fe sigue siendo parte integrante de la vida religiosa, cultural y social de Etiopía y Eritrea. Ha contribuido a preservar antiguas tradiciones cristianas, manuscritos religiosos y un vibrante patrimonio eclesiástico.

La historia de la antigua Axum

La historia de la antigua Axum abarcó varios siglos, durante los cuales el reino fue testigo de una sucesión de monarcas y experimentó importantes transformaciones. Antes del establecimiento oficial del reino de Axum, la región tuvo una historia preaksumita marcada por figuras legendarias y primeros gobernantes. Este periodo, que data aproximadamente del siglo IV a. e. c. al siglo I e. c., contribuyó a las costumbres, pautas de gobierno y tradiciones que sentaron las bases de lo que más tarde se convertiría en Axum.

A medida que Axum emergía como una importante potencia regional durante el siglo I e. c., el linaje de sus gobernantes comenzó a ganar prominencia histórica. Un rey poderoso en la historia de Axum fue Ezana[i].

Ezana y la conversión

El siglo IV e. c. es un momento decisivo en la historia de Axum, ya que fue el siglo en que se adoptó oficialmente el cristianismo como religión del Estado. La temprana adopción del cristianismo en Axum tiene un inmenso significado histórico. Es anterior a la cristianización de otras regiones prominentes del mundo, incluido el Imperio romano, lo que desafía las narrativas eurocéntricas y subraya el papel central de África en la historia temprana del cristianismo.

Este periodo fue testigo del reinado del rey Ezana, un monarca cuyo legado está íntimamente ligado a la transformación religiosa del reino. El reinado de Ezana, que se extendió del 333 al 356 e. c., supuso un punto de inflexión para Axum. Su contribución más significativa fue su conversión al cristianismo, un acontecimiento documentado en inscripciones, incluida la célebre Estela de Ezana. Se trata de un obelisco monumental con inscripciones en ge'ez, la antigua escritura etíope.

---

[i] Cartwright, M. (2019, 21 de marzo). Kingdom of Axum. Extraído de Worldhistory.org: https://www.worldhistory.org/Kingdom_of_Axum/.

Estela de Ezana[10]

La edad de oro del reino

Los siglos que siguieron a la conversión de Axum al cristianismo marcaron una época dorada para el reino. Alcanzó su cenit de poder, llevó a cabo campañas de expansión territorial y creó logros culturales perdurables.

El rey Kaleb (r. 514-542) destaca como uno de los gobernantes más influyentes de esta época. Bajo su liderazgo, Axum expandió sus territorios hacia la península arábiga. Su reinado estuvo marcado por campañas militares y logros diplomáticos que consolidaron el estatus de Axum como potencia regional.

Declive y caída de Axum

El siglo VII e. c. marcó el inicio del declive de Axum. Entre los factores que contribuyeron a este declive se encuentran el auge del islam, que interrumpió las rutas comerciales tradicionales de Axum, y los conflictos internos del reino. A medida que el otrora poderoso reino se enfrentaba a crecientes desafíos, comenzó a retroceder de su posición prominente en la región.

Los factores medioambientales también desempeñaron un papel fundamental en el declive de Axum. Una de las principales preocupaciones fue la degradación del medioambiente, incluida la deforestación y la erosión del suelo. La capacidad del reino para mantener a su población y sostener su economía se vio gravemente mermada.

La prosperidad de Axum estaba íntimamente ligada a su papel como importante imperio comercial. Sin embargo, la alteración de las rutas comerciales mundiales, en particular la reorientación del comercio lejos del mar Rojo, supuso una importante amenaza para la estabilidad económica de Axum. Surgieron nuevas rutas marítimas que circunvalaban Axum, lo que provocó una disminución de la actividad comercial regional. Como resultado, Axum empezó a perder su prominencia como centro comercial, lo que afectó a su vitalidad económica.

El declive económico de Axum fue una cuestión polifacética. La reducción de la producción agrícola y la caída de los ingresos comerciales dejaron a Axum en una situación financiera precaria. El reino luchaba por mantener sus infraestructuras, apoyar a su ejército y financiar sus instituciones administrativas. A medida que disminuían los recursos de Axum, menguaba su capacidad para emprender proyectos arquitectónicos a gran escala, lo que reflejaba el declive de su poder y su prestigio[i].

Afirmar que el islam perjudicó a Axum simplifica en exceso una narración histórica llena de matices. La relación entre el reino aksumita y el islam primitivo en el Cuerno de África es un aspecto complejo de la historia. Es crucial considerar el contexto cronológico, la dinámica de la

[i] Iniguez, N. (2020, 28 de febrero). The Rise, Decline, and Collapse of the Aksum Empire. Extraído de Storymaps.arcgis.com:
https://storymaps.arcgis.com/stories/9b7b377398724be99a0d94dfa9f55550.

transformación religiosa, los factores económicos y la competencia.

Aunque hubo periodos de coexistencia pacífica y cooperación, también hubo conflictos y tensiones entre el reino aksumita y las primeras comunidades musulmanas. Estos conflictos surgieron a menudo debido a disputas territoriales, competencia por las rutas comerciales y diferencias religiosas. Algunos historiadores han señalado enfrentamientos a lo largo de la costa del mar Rojo como resultado de estos factores.

La inestabilidad política, incluidos los conflictos internos y las disputas por la sucesión, asolaron Axum durante sus últimos años. La falta de un liderazgo fuerte y cohesionado dificultó que el reino abordara sus diversos retos con eficacia. La ausencia de una gobernanza eficaz exacerbó las vulnerabilidades del reino, dejándolo mal preparado para afrontar las amenazas externas y las luchas internas. Aunque la cronología exacta de los acontecimientos sigue siendo objeto de investigación histórica, está claro que Axum se enfrentó a retos formidables que pusieron a prueba su resistencia.

En resumen

La historia del reino de Axum es un notable relato tejido con los reinados de los monarcas y los hitos que alcanzaron. Desde sus orígenes preaksumitas y el surgimiento del poder regional hasta su conversión al cristianismo y la edad de oro de la expansión y los logros culturales, la historia de Axum es un testimonio del dinamismo de las civilizaciones africanas.

Capítulo 5: Punt: ¿Una tierra lejana?

La tierra de Punt, a menudo denominada la «tierra del dios», ocupa un lugar único en los anales de la historia antigua. Esta enigmática tierra, conocida por su producción y comercio de valiosas mercancías como oro, ébano, mirra y animales exóticos, ha cautivado la imaginación de eruditos, egiptólogos, historiadores y muchos otros durante siglos. Sin embargo, si Punt fue un lugar real o simplemente un mito similar a El Dorado ha sido objeto de continuo debate e intriga.

Vamos a investigar los argumentos a favor y en contra de la existencia de Punt, centrándonos en pruebas como hallazgos arqueológicos, registros históricos, así como historias y leyendas.

Descubrimientos arqueológicos

Las pruebas arqueológicas constituyen una piedra angular en el argumento a favor de la existencia de Punt. Los jeroglíficos y las inscripciones del antiguo Egipto mencionan con frecuencia a Punt, a su gente y sus atuendos y rasgos distintivos. Estas referencias subrayan el papel de Punt en la cultura egipcia y su perdurable presencia en los registros históricos. Diversos descubrimientos proporcionan pruebas tangibles de la existencia de Punt y de sus interacciones históricas con las civilizaciones antiguas.

- La Piedra de Palermo es una inscripción que proporciona pistas que sugieren que existió un lugar llamado Punt. La Piedra de Palermo data del periodo del Reino Antiguo de

Egipto (c. 2500 a. e. c.). Documenta una expedición enviada por el faraón Sahura. La flota expedicionaria trajo de vuelta un gran cargamento de mirra, malaquita, electro y madera (posiblemente ébano). La Piedra de Palermo es la primera prueba documentada de que Punt existió. Desgraciadamente, no indica dónde se encuentra Punt.

La Piedra de Palermo[11]

- El templo mortuorio de la reina Hatshepsut en Deir el-Bahari, construido durante el siglo XV a. e. c., contiene intrincados relieves e inscripciones que ofrecen un vívido relato de la expedición a Punt durante su reinado. Estas inscripciones detallan la exótica flora y fauna encontrada durante el viaje, proporcionando pruebas tangibles de la biodiversidad de Punt. Se representan las mercancías obtenidas en Punt, como la mirra, el ébano y los árboles de incienso, lo que refuerza la realidad del comercio entre Egipto y Punt. Sin embargo, no hay ninguna indicación en los muros del templo que indique dónde se encuentra Punt en un mapa.

- El complejo de templos de Medinet Habu, que data del siglo XII a. e. c. y fue construido durante el reinado del faraón Ramsés III, es otra fuente arqueológica importante. Las inscripciones y relieves de este yacimiento corroboran la existencia de Punt y las relaciones comerciales entre ambas regiones. Un rollo de papiro describe los barcos de transporte que traían mercancías de Punt. Sin embargo, no se menciona la ubicación exacta de esta tierra.

- Punt ha dejado tentadoras pruebas lingüísticas que añaden profundidad al debate en torno a su existencia histórica. Aunque las pruebas lingüísticas por sí solas no demuestren definitivamente la existencia de la tierra de Punt, sirven como pieza fundamental del rompecabezas para comprender la posible realidad de la tierra.

Los jeroglíficos proporcionan algunas de las mejores pruebas lingüísticas. Punt ocupa un lugar destacado en diversos textos e inscripciones egipcios, sobre todo durante el reinado de la reina Hatshepsut. Estas inscripciones no solo mencionan Punt, sino que también describen las costumbres de sus habitantes y los valiosos recursos que se obtenían de la tierra. Los textos jeroglíficos incluyen a menudo símbolos distintivos que significan la ubicación de Punt. Aunque no proporcionan coordenadas geográficas precisas, son marcadores lingüísticos que vinculan a Punt con el rico tapiz de registros egipcios. La lengua somalí presenta similitudes con el antiguo vocabulario egipcio, lo que sugiere una relación entre el Cuerno de

África y la tierra de los faraones[i].

Las palabras de la Biblia

Las referencias bíblicas a Punt contribuyen indirectamente al argumento de su existencia. El Antiguo Testamento menciona Ofir como una tierra asociada con el comercio de oro y otros productos preciosos, lo que concuerda con las descripciones históricas de Punt. El Antiguo Testamento incluye los siguientes versículos que mencionan a Ofir:

Génesis 10:29:

«Y Ofir, Havila y Jobab; todos estos fueron hijos de Joctán.

1 Reyes 9:28:

«Llegaron a Ofir y tomaron de allí oro, cuatrocientos veinte talentos, y lo trajeron al rey Salomón».

1 Reyes 10:11:

«También las naves de Hiram, que habían traído oro de Ofir, trajeron de allí gran cantidad de madera de sándalo y piedras preciosas».

1 Crónicas 29:4:

«Hasta tres mil talentos de oro, del oro de Ofir, y siete mil talentos de plata refinada, para recubrir con ellos las paredes de las casas».

Job 22:24:

«Tendrás más oro que tierra. Y como piedras de arroyos oro de Ofir».

1 Reyes 9:26-28 ofrece un contexto geográfico antiguo sobre la posible ubicación de Ofir. Podría haber sido una tierra fronteriza con el mar Rojo.

«Hizo también el rey Salomón naves en Ezión-geber, que está junto a Elot en la ribera del mar Rojo, en la tierra de Edom. Y envió Hiram en ellas a sus siervos, marineros y diestros en el mar, con los siervos de Salomón, los cuales fueron a Ofir y tomaron de allí oro, cuatrocientos veinte talentos, y lo trajeron al rey Salomón»[ii].

Si Ofir y Punt son lo mismo o si formaban parte de una red comercial más amplia sigue siendo objeto de investigación y debate. A

---

[i] Equipo, E. (2018, 21 de octubre). El Reino de Punt: Cuando el antiguo Egipto envidiaba a Somalia. Extraído de Thinkafrica.net: https://thinkafrica.net/land-of-punt/.

[ii] https://www.biblegateway.com/versions/New-International-Version-NIV-Bible/.

medida que avancen los descubrimientos arqueológicos y los estudios lingüísticos, es posible que descubramos pruebas más definitivas sobre la relación histórica entre estas enigmáticas tierras. La prominencia histórica del mar Rojo como ruta comercial ha llevado a algunos investigadores a proponer que Ofir y Punt podrían haber formado parte de una red comercial más amplia que se extendía por estas regiones.

La expedición de la reina

La historia del antiguo Egipto está repleta de faraones notables y acontecimientos monumentales. Sin embargo, pocos son tan intrigantes y enigmáticos como la reina Hatshepsut y su expedición a Punt y la posterior supresión de su legado por su sucesor, Tutmosis III. La reina Hatshepsut, una de las pocas faraonas egipcias, ascendió al trono durante la dinastía XVIII, aproximadamente hacia 1479 a. e. c.

El reinado de la reina Hatshepsut se caracterizó por un vivo deseo de asegurar la prosperidad y la estabilidad de Egipto. Reconoció que el acceso a recursos valiosos y el fortalecimiento de las relaciones comerciales con otras tierras eran esenciales. Una de sus iniciativas más notables fue la expedición a Punt.

Las motivaciones de esta expedición eran dos. En primer lugar, Punt era famosa por sus valiosos recursos, como la mirra, el incienso, el ébano y los animales exóticos. Estas mercancías tenían un inmenso valor en el mundo antiguo por su valor económico, su uso en rituales religiosos y como símbolos de poder y prestigio. En segundo lugar, la reina Hatshepsut pretendía reforzar los lazos diplomáticos y comerciales de Egipto con la tierra de Punt, aumentando así la influencia económica y política de su reino en la región.

La expedición de la reina Hatshepsut a Punt quedó documentada con un detalle artístico que ha sobrevivido miles de años. Su templo mortuorio de Deir el-Bahari, situado en la orilla occidental del río Nilo, está adornado con vívidos e intrincados relieves e inscripciones que representan facetas de la expedición a Punt.

La meticulosidad de estos registros es un testimonio de la importancia que la reina Hatshepsut concedía a la documentación de sus logros y de la trascendencia de su misión comercial a Punt.

Las inscripciones proporcionan un tesoro de información sobre el viaje, incluyendo la exótica flora y fauna encontradas, las singulares costumbres y atuendos de los habitantes de Punt, así como los bienes obtenidos durante la expedición.

Los productos adquiridos en Punt durante la expedición tenían un inmenso valor en el antiguo Egipto. La mirra y el incienso, obtenidos de la resina de los árboles nativos de Punt, eran esenciales en los rituales religiosos y muy apreciados por su fragancia y su significado simbólico. El ébano, otro recurso notable, se utilizaba para fabricar lujosos muebles y objetos decorativos, lo que aumentaba aún más el prestigio del faraón y la riqueza material del reino.

La adquisición de animales exóticos durante la expedición a Punt también contribuyó a la diversidad zoológica de Egipto. Escenas de los relieves de Deir el-Bahari muestran el transporte de babuinos, guepardos, jirafas y otros animales a Egipto. Estas adiciones al *menagerie* real egipcio fueron un testimonio del éxito de la reina Hatshepsut en Punt y una muestra de su poder.

Las inscripciones y relieves de Deir el-Bahari representan escenas de intercambio, entrega de regalos e interacciones amistosas entre los egipcios y el pueblo de Punt. Estas representaciones ponen de relieve el carácter diplomático de la misión y el deseo de fomentar relaciones positivas.

La expedición a Punt permitió a Egipto asegurarse valiosos recursos y establecerse como actor dominante en las redes comerciales del mar Rojo[i].

La supresión del legado de la reina Hatshepsut

A la muerte de la reina Hatshepsut, su hijastro Tutmosis III asumió el trono. Aunque el reinado de Hatshepsut fue innovador, su condición de mujer faraón planteó complejas cuestiones de legitimidad. Tutmosis III inició una campaña para borrar su legado del registro histórico.

Quizá el ejemplo más emblemático de los esfuerzos de Tutmosis III por suprimir el legado de la reina Hatshepsut pueda verse en su templo mortuorio de Deir el-Bahari. Los muros de este templo, que habían sido adornados con vívidos relieves e inscripciones conmemorativas de su reinado y de la expedición a Punt, presentan claros signos de desfiguración deliberada. La imagen de la reina Hatshepsut fue cincelada. Su nombre fue borrado y sus logros fueron ocultados.

---

[i] Tyson, P. (2009, 1 de diciembre). Where is Punt? Extraído de PBS.org: https://www.pbs.org/wgbh/nova/article/egypt-punt/.

A pesar de los esfuerzos de Tutmosis III, el legado de la reina Hatshepsut no fue totalmente borrado. En los tiempos modernos, egiptólogos y arqueólogos han reconstruido exitosamente su historia y sus logros gracias a una meticulosa investigación y al desciframiento de antiguas inscripciones. La expedición a Punt es uno de los logros más destacados de la reina, que el cincel de un albañil no pudo borrar.

El mito

El continuo debate sobre la ubicación exacta de Punt ha contribuido a perpetuar su aura mítica. Esta aura nació en parte de su inmensa riqueza y de la naturaleza exótica de los bienes que proporcionaba.

En la mentalidad del antiguo Egipto, Punt simbolizaba una fuente lejana e idealizada de riqueza y lujo. La representación de Punt como una tierra extranjera y exótica, como se ve en las inscripciones y relieves egipcios, solidificó aún más su estatus mítico. A menudo se representaba a los habitantes de Punt con vestimentas y rasgos físicos únicos, lo que realzaba la imagen de un reino de otro mundo. El oro, una de las mercancías más codiciadas de Punt, ocupaba un lugar especial en el mundo antiguo, pues significaba poder, prestigio y favor divino. La asociación de Punt con el oro contribuyó a su estatus mítico.

La presencia de influencias lingüísticas y culturales entre los pueblos de las regiones del mar Rojo y África Oriental, así como el relato bíblico añade complejidad al debate. Explorar los relatos indígenas menos conocidos y las tradiciones orales de estas regiones puede aportar información sobre sus conexiones históricas con Ofir (Punt).

Una pista convincente

La arqueología es un estudio continuo del pasado, y con frecuencia saca a la luz pruebas que han permanecido enterradas durante miles de años. Estos hechos descubiertos pueden dar lugar a asombrosos descubrimientos que identifiquen eslabones perdidos. Puede que estemos más cerca de identificar la ubicación de Punt gracias a los restos de una banda de monos.

Nathaniel Dominy es un antropólogo del Dartmouth College que estudia los isótopos de estroncio y oxígeno extraídos de babuinos momificados de la época del Imperio Nuevo de Egipto (c. 1550-1069 a. e. c.). Su investigación lo llevó a descubrir que algunos de los restos animales no eran egipcios, sino que procedían de la región del Cuerno de África. Se trata de un descubrimiento importante porque los registros muestran que los egipcios obtenían babuinos de Punt.

Gisela Kopp, bióloga evolutiva de la Universidad de Constanza, encontró pruebas en otro babuino momificado que indican que el punto de origen del animal podría haber estado en la costa del mar Rojo. Ambos investigadores creen que los babuinos se originaron en la zona del puerto marítimo de Adulis, que se encuentra en la actual Eritrea[i].

¿Qué significa esto? Una posibilidad es que Adulis fuera el punto de contacto entre Egipto y Punt. Las mercancías procedentes del interior podrían haber sido objeto de comercio en los muelles del puerto. También es posible que no existiera el reino de Punt. En cambio, podría haber existido una ciudad-estado que mantuviera amplias relaciones comerciales con Egipto.

Lo significativo de esta investigación es que ayuda a precisar dónde pudo estar Punt. Los babuinos eran venerados en la antigua religión egipcia, y poder adquirirlos habría sido importante para ellos. La obtención de estos animales pudo haber conducido a un mayor comercio, incluyendo las mercancías exóticas que las expediciones egipcias llevaban a casa[ii].

En resumen

Las pruebas a favor y en contra de la existencia de Punt presentan un panorama complejo. Los descubrimientos arqueológicos, que incluyen relieves de templos, inscripciones y restos botánicos, proporcionan pruebas tangibles de la existencia histórica de Punt y de su papel en las redes comerciales. Las referencias lingüísticas y culturales refuerzan la realidad de la presencia de Punt en el mundo antiguo. Las investigaciones arqueológicas en curso en las regiones del mar Rojo y el Cuerno de África siguen descubriendo nuevas pruebas que pueden arrojar luz sobre las relaciones comerciales históricas y la ubicación de las antiguas civilizaciones, incluida la de Punt y, posiblemente, la de Ofir.

Punt representa una mezcla de realidad histórica y elementos míticos que han ido creciendo a su alrededor con el tiempo, lo que lo convierte en un tema de fascinación y exploración perdurables en la historia de

---

[i] Mummified Baboons Point to the Direction of the Fabled Land of Punt. (2023, 11 de noviembre). Extraído de Ars Technical: https://arstechnica.com/science/2023/11/mummified-baboons-point-to-the-direction-of-the-fabled-land-of-punt/.

[ii] Fitzgerald, S. (2023, 21 de noviembre). Mummified Baboons in Egypt Point to a Long Lost Land. Extraído de Atlas Obscura: https://www.atlasobscura.com/articles/mummified-baboons-punt.

África. ¿Fue un lugar real en el mapa o Punt es simplemente una leyenda de un país fabulosamente rico? Basándonos en hechos e historias, la mejor respuesta es que Punt es un poco de ambas cosas.

Parte 3:
Los grandes imperios y sus legados

Capítulo 6: El antiguo Egipto

Un libro sobre el África antigua tiene que incluir a Egipto. Fue la principal cultura del continente durante siglos y aún hoy nos fascina. La gente conoce bastante sobre la historia política y militar de la tierra de los faraones y, por supuesto, hablaremos de ello. Sin embargo, también exploraremos algunos logros menos conocidos que fueron igual de significativos.

La historia de Egipto se divide en cuatro épocas principales: el Reino Antiguo, el Reino Medio, el Imperio Nuevo y la época ptolemaica. Discutiremos cada una de ellas en secuencia.

El Reino Antiguo (c. 2686-2181 a. e. c.)

El Reino Antiguo representa un periodo notable en la historia de la humanidad, especialmente por sus logros científicos. Esta época, a menudo llamada la edad de las pirámides, estuvo marcada por importantes avances en diversos campos.

Ciencia

- Astronomía y Matemáticas:

  Los egipcios del Reino Antiguo desarrollaron un calendario basado en sus observaciones de la estrella Sirio y la crecida anual del Nilo. Este calendario lunar era crucial para la planificación agrícola. Su comprensión de la geometría era esencial para la agrimensura, especialmente tras las inundaciones del Nilo, y para la planificación arquitectónica de las pirámides. Las observaciones astronómicas también desempeñaron un papel importante en las prácticas religiosas. El movimiento de las estrellas y los acontecimientos celestes se interpretaban a menudo como mensajes divinos[i].

- Ingeniería y Arquitectura:

Los logros científicos más destacados del Reino Antiguo son sin duda la construcción de las pirámides, especialmente la Gran Pirámide de Guiza. Estas estructuras no son solo maravillas arquitectónicas, sino también un testimonio de la avanzada comprensión de los egipcios de los principios de la ingeniería. Las pirámides demuestran un conocimiento avanzado de la ingeniería y las matemáticas[ii].

Los que creen en la existencia de seres extraterrestres están convencidos de que las pirámides fueron construidas por alienígenas. Por supuesto, no existen pruebas plausibles que respalden esta suposición. Los egipcios aprendieron gradualmente por ensayo y error cómo construir estas edificaciones (por ejemplo, la pirámide escalonada de Zoser, que se construyó antes). Las pirámides también demuestran que África no era un continente primitivo. Sus habitantes eran capaces de logros asombrosos.

Las pirámides de Guiza[12]

---

[i] Wendorg, M. (2023, 23 de abril). Ancient Egyptian Technology and Inventions. Extraído de Interesting Enginerring.com: https://interestingengineering.com/lists/ancient-egyptian-technology-and-inventions.

[ii] Mark, J. J. (2016, 9 de noviembre). Ancient Egyptian Science & Technology. Extraído de World History Encyclopedia: https://www.worldhistory.org/article/967/ancient-egyptian-science--technology/.

- Prácticas médicas:

Los egipcios tenían conocimientos básicos de anatomía, farmacología y posiblemente incluso de prácticas quirúrgicas. El papiro de Edwin Smith fue escrito durante el Reino Medio, pero esta obra se considera una copia de textos muy anteriores. Existen pruebas de importantes conocimientos médicos durante el Reino Antiguo.

La medicina egipcia del Reino Antiguo incluía diversas hierbas y otras sustancias naturales para tratar dolencias. También se conocían los procedimientos quirúrgicos, como demuestran los instrumentos quirúrgicos hallados en yacimientos arqueológicos. Las instituciones conocidas como «Casas de la Vida» tenían fines médicos y existieron en la dinastía I.

Economía

Los avances en la agricultura fueron cruciales para mantener una economía próspera. Los egipcios desarrollaron sofisticados sistemas de irrigación para controlar las crecidas del Nilo, lo que permitió una producción agrícola constante. Además de los canales de irrigación para gestionar el flujo de las aguas del Nilo, los egipcios inventaron una rueda hidráulica, el *shadoof*, para transferir agua a un canal.

También se produjo una expansión en la variedad de cultivos, incluyendo la introducción de nuevos cereales y frutas, lo que contribuyó a un suministro de alimentos más estable y variado.

La economía agrícola de Egipto le permitió convertirse en una poderosa fuerza económica en el mundo antiguo. El Reino Antiguo vio el establecimiento de extensas redes comerciales, tanto dentro de Egipto como con regiones vecinas como Nubia, el Levante y el Mediterráneo. Estas redes comerciales ayudaron a la adquisición de bienes de lujo y materiales de construcción no disponibles localmente. La capacidad de navegar por el Nilo y los mares abrió Egipto a un mundo de comercio, intercambio cultural y expediciones militares[i].

---

[i] Historyskills.com. (2024, 19 de enero). How Egypt Became the Greatest Superpower of the Ancient World. Extraído de Hisoryskills.com: https://www.historyskills.com/classroom/ancient-history/egypt-ancient-superpower/.

Política y sociedad

El Reino Antiguo creó un estado fuerte y centralizado gobernado por el faraón. El concepto del faraón como un dios-rey se solidificó durante esta época. Esta noción reforzó la estructura política, ya que la autoridad absoluta del faraón era vista como divinamente ordenada. Este periodo vio el desarrollo de una burocracia eficiente que era esencial para la gestión de proyectos a gran escala, la recaudación de impuestos y la administración.

El Reino Antiguo tenía una jerarquía social con el faraón en la cima, seguido de nobles, sacerdotes, artesanos y agricultores. El escalón inferior de la sociedad lo ocupaban los esclavos. Esta jerarquía era esencial para el funcionamiento de la sociedad. Si alguien se salía del papel social que le correspondía, los egipcios creían que traería desarmonía a Egipto y provocaría el caos[i].

En esta época se produjeron importantes avances en el arte, la literatura y las prácticas religiosas egipcias. La construcción de pirámides y grandes tumbas decoradas con intrincado arte y jeroglíficos refleja la riqueza cultural del periodo. La escritura fue, sin duda, la innovación educativa más significativa del Reino Antiguo. El sistema de escritura egipcio incluía dos mil símbolos jeroglíficos y un alfabeto[ii].

Faraones más importantes

Varios faraones desempeñaron papeles fundamentales en la configuración de la historia egipcia durante el Reino Antiguo. Sus reinados estuvieron marcados por importantes logros, sobre todo en arquitectura, administración y prácticas religiosas. He aquí algunos de los faraones más destacados de este periodo:

- Zoser (c. 2630-2611 a. e. c.)

Zoser, el segundo faraón de la dinastía III, es conocido sobre todo por su pirámide escalonada de Saqqara. Esta pirámide, diseñada por su visir Imhotep, está considerada como una de las primeras construcciones de piedra tallada a gran escala. Supuso un avance

---

[i] Mark, J. J. (2017, 21 de septiembre). Social Structure in Ancient Egypt. Extraído de History World Encyclopedia: https://www.worldhistory.org/article/1123/social-structure-in-ancient-egypt/.

[ii] Lifepersona.com. (2024, 19 de enero). The 9 Most Important Contributions of Egypt to Humanity. Extraído de Lifepersona.com: https://www.lifepersona.com/the-9-most-important-contributions-of-egypt-to-humanity.

significativo respecto a las tumbas tradicionales de mastaba y sentó el precedente para la construcción posterior de pirámides.

Pirámide escalonada de Zoser[13]

- Seneferu (c. 2575-2551 a. e. c.)

Seneferu, el fundador de la dinastía IV, fue un constructor de pirámides increíblemente prolífico. Se le atribuye la construcción de tres grandes pirámides: la pirámide de Meidum, la pirámide Acodada y la pirámide Roja. Estas estructuras representan etapas importantes en la evolución de la construcción de pirámides, culminando en la pirámide Roja, el primer intento exitoso de Egipto de construir una verdadera pirámide de lados lisos.

- Keops (c. 2589-2566 a. e. c.)

El sucesor de Seneferu, Keops, es más conocido por la Gran Pirámide de Guiza, una de las Siete Maravillas del Mundo Antiguo. Esta colosal estructura ejemplifica la habilidad arquitectónica y la capacidad organizativa del Reino Antiguo y sigue siendo un testimonio de la destreza de los egipcios en ingeniería.

- Kefrén (Jafra) (c. 2558-2532 a. e. c.)

Kefrén, hijo de Keops, construyó la segunda pirámide más grande de Guiza. También se le atribuye la construcción de la Esfinge, una monumental estatua de piedra caliza con cuerpo de león y cabeza de faraón, que probablemente pretendía ser una semejanza del propio Kefrén.

- Micerino (c. 2532-2503 a. e. c.)

Micerino, otro hijo de Keops, es conocido por haber construido la tercera y más pequeña de las pirámides de Guiza. Aunque más pequeña, esta pirámide destaca por su complejo templo mortuorio y su exquisita artesanía.

- Pepi II (c. 2278-2184 a. e. c.)

Se cree que Pepi II, que ascendió al trono siendo un niño, reinó durante noventa y cuatro años, el más largo de todos los faraones egipcios. Su reinado acabó provocando problemas internos en el gobierno y las guerras civiles que marcaron el final del Reino Antiguo.

Estos faraones desempeñaron un papel decisivo en el establecimiento de muchas de las características definitorias de la antigua civilización egipcia. Las pirámides, en particular, se erigen como símbolos perdurables de la grandeza del Reino Antiguo y de la búsqueda de la inmortalidad por parte de los faraones.

El Reino Medio (c. 2030-1650 a. e. c.)

Hubo agitación en Egipto después de que el Reino Antiguo llegara a su fin. Sin embargo, Egipto fue capaz de recuperarse de las luchas internas y entrar en un periodo que fue uno de sus más grandes: el Reino Medio.

Aunque el Reino Medio ha sido a menudo pasado por alto por los logros de los Reinos Antiguo y Nuevo, fue un capítulo fundamental en la narrativa del antiguo Egipto.

Matemáticas

Debemos recordar que el Reino Medio se construyó sobre los avances que tuvieron lugar en el Reino Antiguo, por lo que muchas innovaciones fueron progresiones lógicas de lo que había antes. Existe documentación de la dinastía XII que muestra un interés por el uso de las fracciones. Los documentos en papiro, como el papiro matemático de Moscú y el rollo de cuero matemático egipcio, datan del Reino Medio. Los ensayos de problemas matemáticos, incluidas las soluciones, también proceden de esta época egipcia. Estos sugieren un enfoque práctico de las matemáticas en contraposición a uno teórico. Las fracciones eran esenciales para la construcción de templos y pirámides, y se utilizaban en la compleja tarea de gestionar los graneros y los recursos de la nación.

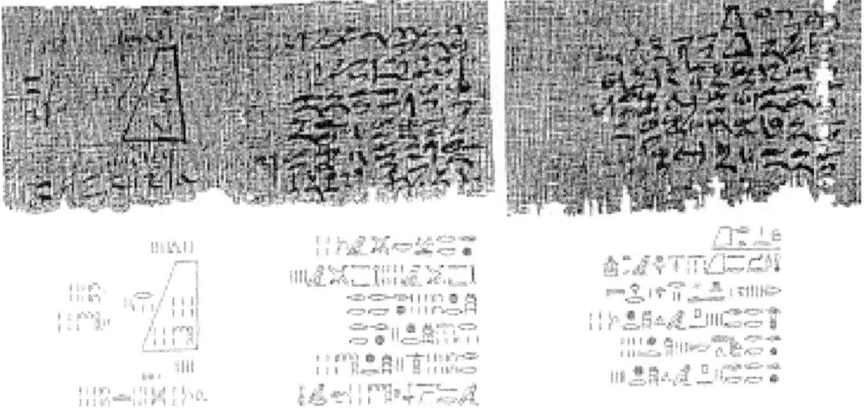

Un problema matemático en el papiro matemático de Moscú[14]

Arquitectura y construcción naval

El Reino Medio de Egipto fue una época de estabilidad política y florecimiento cultural, que se refleja vívidamente en las innovaciones arquitectónicas y marítimas de la época.

Se seguían construyendo pirámides, aunque el material de construcción pasó gradualmente de la piedra maciza al ladrillo de barro con un revestimiento de piedra caliza. Las pirámides dejaron de ser la cámara funeraria preferida a finales de la dinastía XII. En su lugar se utilizaron tumbas excavadas en la roca en el Valle de los Reyes y el valle de las reinas. Lo interesante es el uso de una planificación urbana rudimentaria en la construcción de aldeas de trabajadores cerca de los lugares de construcción de los enterramientos.

La arquitectura se refinó durante la dinastía XII. El complejo del templo de Karnak, especialmente la Capilla Blanca, ejemplificó los nuevos estilos de construcción[i].

[i] Brewminate.com. (2019, 17 de abril). The Art and Architecture of Middle Kingdom Egypt c. 2055-1650 BCE. Extraído de brewminate.com: https://brewminate.com/the-art-and-architecture-of-middle-kingdom-egypt-c-2055-1650-bce/.

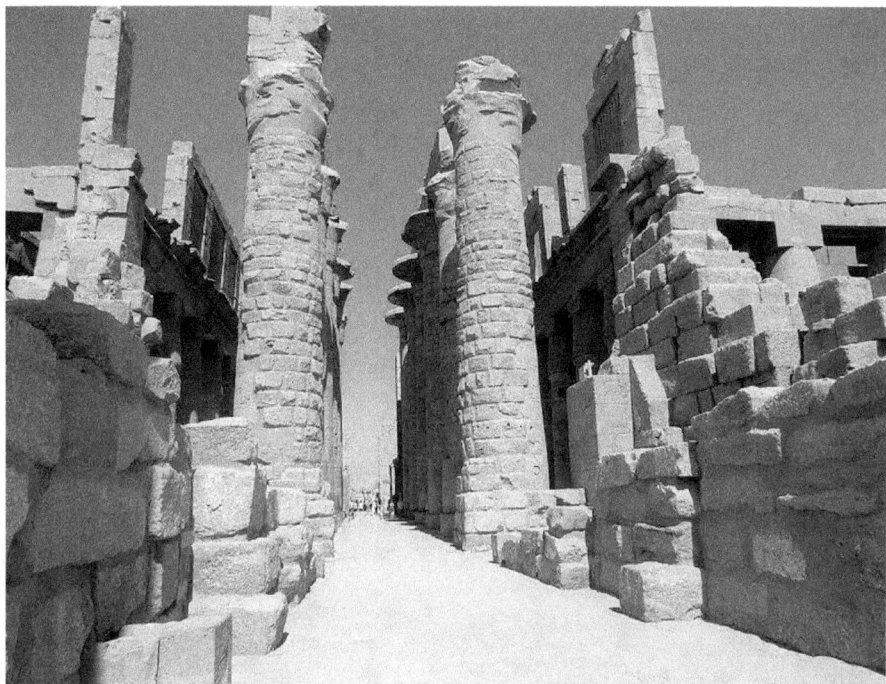
Pilares de la Gran Sala Hipóstila de Karnak[15]

La construcción de grandes navíos aptos para la navegación abrió nuevas posibilidades para el comercio, las campañas militares y las expediciones mineras. Estos barcos permitieron a los egipcios extender su influencia y conseguir recursos de tierras lejanas, lo que fue crucial para la economía del reino y su posición en el mundo antiguo.

Referencias como la «Historia del marinero náufrago» sugieren la construcción de grandes barcos diseñados para largas travesías, lo que indica un conocimiento avanzado de la construcción naval. Es probable que el diseño y la función de estos barcos se adaptaran a fines específicos, lo que refleja un sofisticado conocimiento de la ingeniería marítima y las diversas necesidades de la sociedad egipcia durante este periodo.

Aunque los detalles específicos sobre los materiales y las técnicas son escasos, la tradición de los egipcios en la construcción naval y su acceso a maderas de calidad sugieren un alto nivel de artesanía. El uso de cedro del Líbano, conocido por su durabilidad y resistencia, habría sido fundamental para construir naves robustas y aptas para la navegación.

Sociedad

El Reino Medio marcó una transición hacia un gobierno más centralizado y eficiente en comparación con el Reino Antiguo. Se desarrolló una robusta burocracia, crucial para gestionar los recursos del país, ejecutar proyectos de construcción a gran escala y mantener el orden administrativo.

Además, esta época destaca por las reformas legales. Las leyes estaban más organizadas y codificadas que en los periodos anteriores, lo que ayudó a mantener el orden social y la justicia. Estas reformas fueron esenciales para estabilizar una sociedad que había experimentado importantes agitaciones.

Durante el Reino Medio se produjo un aumento del protagonismo y la influencia de la clase media, que incluía a artesanos, escribas y funcionarios. Este periodo se caracteriza a menudo por un cierto grado de movilidad social, que contrastaba con la estructura más rígidamente jerárquica del Reino Antiguo.

Arte y cultura

El Reino Medio es célebre por sus logros literarios y artísticos. La literatura de este periodo, incluidas obras como la «Historia de Sinuhé» y las «Instrucciones de Amenemhat», es famosa por su sofisticación y profundidad. Estas obras no solo proporcionan una visión de la cultura y los valores sociales de la época, sino que también reflejan los esfuerzos intelectuales y artísticos del Reino Medio.

La artesanía y la industria también experimentaron un notable crecimiento durante esta época. El periodo fue conocido por su exquisita joyería, cerámica y estatuas. Estos avances fueron estéticos y tecnológicos, reflejando una comprensión más profunda de los materiales y las técnicas. Las habilidades y prácticas desarrolladas durante este periodo sentaron las bases para los logros artísticos del posterior Imperio Nuevo.

Una de las características más llamativas del arte del Reino Medio fue el cambio hacia el realismo. A diferencia de las formas idealizadas del Reino Antiguo, el arte de esta época representaba figuras con rasgos más individualistas y realistas. Este cambio es evidente en la representación de los faraones, donde su solemnidad y sus características individuales son más pronunciadas, como se ve en las esculturas de Sesostris III. Las estatuas de bloque, una nueva forma de escultura, surgieron durante este periodo. Estas estatuas representaban normalmente a una figura en cuclillas con las rodillas recogidas hasta el pecho y a menudo llevaban inscritos textos autobiográficos o himnos, lo que añadía una dimensión personal al arte.

Estatua de Sesostris III situada en el Museo Británico[16]

El arte funerario incluía objetos como los *shabtis* y los escarabeos. Los *shabtis* eran pequeñas figurillas destinadas a servir al difunto en la otra vida, mientras que los escarabeos eran amuletos que se creía que protegían contra los peligros en el más allá.

En el Reino Medio también se produjo un aumento de la representación y el mecenazgo del arte por parte de las mujeres. Esto se ejemplifica en la escultura de una noble de la dinastía XII, que indica un estatus respetado para las mujeres en la sociedad y su participación activa en el ámbito cultural[i].

El arte del Reino Medio, con su giro hacia el realismo, la inclusión de diversas clases sociales y la incorporación de elementos personales y simbólicos, ofrece una visión inestimable de las vidas y creencias de los antiguos egipcios durante este periodo de transformación. El legado del arte del Reino Medio, por tanto, reside no solo en sus logros estéticos, sino también en su reflejo de una sociedad en medio de profundos cambios.

Economía y política

El Reino Medio fue un periodo de considerable expansión económica y prosperidad. En esta época se produjo un aumento significativo del comercio, tanto interno como con tierras extranjeras. Se establecieron y ampliaron las rutas comerciales con las regiones vecinas y posiblemente incluso con tierras lejanas como la región del Egeo y Mesopotamia. Mercancías exóticas como el oro, el cobre, el lapislázuli y la madera de cedro, esenciales para la construcción de templos y tumbas, eran artículos de comercio habitual.

Las rutas comerciales se extendieron a regiones lejanas, permitiendo el intercambio de mercancías como especias, perfumes, oro y joyas. Este comercio tuvo lugar a través de rutas terrestres y marítimas, ampliando así el alcance comercial de Egipto. Los mercados de las ciudades y aldeas se convirtieron en bulliciosos centros de comercio, facilitando el intercambio de mercancías y contribuyendo a la diversificación de la economía. El comercio también introdujo servicios bancarios y de préstamo de dinero, a menudo relacionados con mercancías como el grano o la sal.

La base de la economía del Reino Medio era su sector agrícola. Bendecidos con las fértiles tierras del valle del Nilo, los egipcios cultivaban cosechas como el trigo, la cebada y diversas hortalizas. Las inundaciones anuales del Nilo aseguraban tierras ricas y cultivables, que

---

[i] Pressbooks.bccampus.ca. (2024, 19 de enero). Middle Kingdom Art. Retrieved from Art and Visual Culture: Prehistory to Renaissance: https://pressbooks.bccampus.ca/cavestocathedrals/chapter/middle-kingdom/..

sostenían a una población creciente y permitían un excedente de producción[i].

La construcción de grandes templos y monumentos sirvió a fines religiosos y culturales, estimulando la economía mediante la utilización de grandes fuerzas de trabajo y recursos. Estos proyectos proporcionaron empleo a un gran número de trabajadores. El énfasis en la preparación para la otra vida, manifestado en elaboradas prácticas funerarias y construcciones de tumbas, contribuyó aún más a las actividades económicas, especialmente en las industrias de bienes y servicios funerarios[ii].

Expansión militar

El Reino Medio comenzó con la reunificación de Egipto bajo Mentuhotep II. Fue un faraón guerrero que volvió a consolidar la fragmentada nación e inició una serie de campañas militares, sobre todo en la región noroccidental del Sinaí y en Nubia.

La guerra desempeñó un papel importante en las aspiraciones económicas de Egipto. Faraones como Amenemhat III lanzaron exitosas campañas contra los territorios vecinos, aumentando la riqueza y el poder de Egipto. El control de Egipto sobre un territorio más extenso permitió una mayor estabilidad económica y la acumulación de riqueza. El establecimiento de fortalezas militares, como la de la región de Elefantina, fue crucial para mantener el control sobre estos territorios adquiridos.[iii]

Los poderosos faraones

El Reino Medio anunció una fase de consolidación política, renacimiento cultural y prosperidad económica. Los reinados de varios faraones permitieron que esto sucediera.

[i] Cassar, C. (2023, 25 de agosto). Exploring the Egyptian Middle Kingdom-A Historical Overview. Extraído de Anthropologureview.org: https://anthropologyreview.org/history/ancient-egypt/exploring-the-egyptian-middle-kingdom-a-historical-overview/?expand_article=1.

[ii] Cassar, C. (2023, 25 de agosto). Exploring the Egyptian Middle Kingdom-A Historical Overview. Extraído de Anthropologureview.org: https://anthropologyreview.org/history/ancient-egypt/exploring-the-egyptian-middle-kingdom-a-historical-overview/?expand_article=1.

[iii] Historyskills.com. (2024, 19 de enero). What Was the Middle Kingdom of Ancient Egypt? Extraído de Historyskills.com: https://www.historyskills.com/classroom/ancient-history/anc-middle-kingdom-reading/.

- Mentuhotep II (c. 2061-2010 a. e. c.)

El Reino Medio comenzó durante el reinado de Mentuhotep II. Como acabamos de mencionar, fue el faraón que reunificó Egipto. Tras un prolongado periodo de desunión y caos, Mentuhotep II derrotó a la rival dinastía X de Hieracómpolis, poniendo fin al Primer Periodo Intermedio. Esta reunificación restableció la estabilidad política y sentó las bases para un renacimiento cultural y económico.

Mentuhotep II fue un mecenas de las artes y la arquitectura. Su complejo funerario de Deir el-Bahari, cerca de Tebas, es un testimonio de las innovaciones arquitectónicas realizadas bajo su reinado. Este complejo, anterior al famoso templo de Hatshepsut, muestra un estilo arquitectónico único que mezclaba elementos de las tumbas mastaba tradicionales con los de las estructuras piramidales, sentando un precedente para los futuros templos de Egipto.

- Amenemhat I (c. 1991-1962 a. e. c.)

El inicio de la dinastía XII bajo Amenemhat I marcó el comienzo de lo que a menudo se considera la edad de oro del Reino Medio. Una de las primeras acciones de Amenemhat como faraón fue trasladar la capital de Tebas a una nueva ciudad, Ity-tauy, que se cree que estaba situada cerca del lugar de enterramiento del faraón en Fayum. Este traslado estratégico facilitó un mejor control sobre el reino y simbolizó una nueva era en la historia egipcia.

El reinado de Amenemhat I se caracterizó por importantes reformas administrativas y económicas. Inició proyectos para aumentar la productividad agrícola, especialmente en la región de Fayum, que se convirtió en un eje agrícola central bajo su mandato. Además, sus campañas militares para asegurar las fronteras nororientales de Egipto fueron cruciales para salvaguardar a la nación de posibles invasiones asiáticas, garantizando así la estabilidad y la seguridad de su reinado.

- Sesostris I (c. 1971-1926 a. e. c.)

Sesostris I, también conocido como Senusert I, fue corregente con su padre Amenemhat I y reinó aproximadamente de 1971 a 1926 a. e. c. Expandió la influencia egipcia en Nubia y Oriente

Próximo mediante una serie de exitosas campañas militares. Estas campañas aseguraron las fronteras de Egipto y proporcionaron acceso a rutas comerciales y recursos críticos, reforzando aún más la economía del reino.

Sesostris I fue un gran mecenas de las artes. Su reinado vio un importante florecimiento de la expresión artística, con énfasis en la construcción de templos y santuarios. Las artes, en particular la escultura y el trabajo en relieve, experimentaron notables avances durante su reinado, caracterizados por un sentido del realismo y una atención al detalle no vistos en épocas anteriores. Este renacimiento cultural bajo Sesostris I contribuyó significativamente al legado del Reino Medio como periodo de mayor actividad artística y cultural.

- Amenemhat III (c. 1860-1814 a. e. c.)

El reinado de Amenemhat III se considera a menudo el cenit del Reino Medio en términos de prosperidad económica y logros arquitectónicos. Su reinado destaca sobre todo por los amplios proyectos de construcción que encargó, especialmente en el oasis de Fayum. Aquí emprendió un ambicioso proyecto de irrigación que amplió significativamente la producción agrícola de la región, transformándola en una de las zonas más fértiles de Egipto.

Su legado arquitectónico está marcado por la construcción del Laberinto, un enorme e intrincado complejo de templos cerca de la pirámide de Hawara. Este edificio era famoso en el mundo antiguo por su tamaño y complejidad, ya que constaba de miles de salas y cámaras que asombraban a los visitantes. Amenemhat III también construyó dos importantes pirámides en Hawara y Dahshur, que destacan por su innovador diseño y técnicas de construcción.

La pirámide Negra de Dahshur[17]

El reinado de Amenemhat III también se caracterizó por la estabilidad y la prosperidad, que fomentaron los avances en la literatura, las artes y el arte de gobernar. Sus políticas económicas y sus proyectos de construcción proporcionaron empleo y estimularon la economía, mientras que su mecenazgo de las artes propició el florecimiento de la vida cultural.

En resumen

El Reino Medio fue un periodo de importantes logros en diversos ámbitos. Estos logros no solo revitalizaron la civilización egipcia, sino que también sentaron las bases para el posterior Imperio Nuevo. La invasión de un grupo de Oriente Próximo conocido como los hicsos puso fin a este notable periodo.

El Imperio Nuevo (c. 1570-1069 a. e. c.)

El Imperio Nuevo, que duró desde aproximadamente el siglo XVI a. e. c. hasta el siglo XI a. e. c., representa de los capítulos más ilustres de la historia del antiguo Egipto. Este periodo, que abarca las dinastías XVIII, XIX y XX, se considera a menudo como el apogeo del poder y la riqueza cultural de Egipto.

Política

Egipto había estado ocupado por forasteros, los hicsos, que finalmente fueron expulsados de Egipto por Amosis I. El regreso del trono del faraón a Egipto sentó las bases del Imperio Nuevo.

Uno de los aspectos más significativos del Imperio Nuevo fue su vasta expansión territorial, que lo convirtió en el imperio egipcio más poderoso. Esta época vio cómo Egipto alcanzaba su mayor extensión, llegando sus fronteras hasta el río Éufrates y Nubia bajo el reinado de Tutmosis III. Esta expansión no fue un mero ejercicio de poder, sino también un mecanismo estratégico de defensa contra posibles invasiones, como ocurrió durante el Segundo Periodo Intermedio.

Egipto en el siglo XV a. e. c.[18]

Tutmosis III, a menudo apodado el «Napoleón de Egipto», consolidó el dominio de Egipto en Oriente Próximo. Bajo su reinado, Egipto afirmó su autoridad sobre Siria, reorganizó la burocracia militar y alcanzó niveles de poder e influencia sin precedentes. Esta expansión y consolidación militar bajo Tutmosis III sentó las bases del dominio regional sostenido de Egipto. Sus anales, registrados en las paredes del templo de Karnak, son una fuente primaria de información sobre estas hazañas militares[i].

Una gran cantidad de hallazgos arqueológicos y textos históricos proporcionan pruebas de las aspiraciones imperiales de Egipto. Por ejemplo, los templos de esta época, como los de Karnak y Lúxor, están adornados con inscripciones y relieves que proporcionan valiosa información. Tal es el caso de la batalla de Qadesh, que aparece representada en los relieves de los templos de Ramsés II, ofreciendo información sobre sus campañas militares.

El Valle de los Reyes y el Valle de las Reinas también ofrecen una gran cantidad de información para que los historiadores investiguen. Las tumbas de faraones y altos funcionarios contienen inscripciones, pinturas y artefactos que arrojan luz sobre las relaciones exteriores y el poderío militar de Egipto.

Los rollos de papiro no eran solo registros de la gloria militar. Las relaciones diplomáticas eran necesarias para la estabilidad del imperio. El reinado de Amenofis III, por ejemplo, se caracterizó por el uso que hizo de las alianzas matrimoniales para mantener la paz y extender su influencia. Documentos como las cartas de Amarna, que son una colección de correspondencia diplomática, revelan el panorama político y diplomático del Imperio Nuevo y sus relaciones con las potencias vecinas[ii].

Arquitectura y arte

El Imperio Nuevo es famoso por sus maravillas arquitectónicas y sus logros artísticos. Este periodo fue testigo de la construcción de estructuras monumentales como los templos de Karnak y Lúxor, el Valle de los Reyes y el templo mortuorio de Hatshepsut en Deir el-

---

[i] Peter F. Dorman, M. S. (2024, 19 de enero). Thutmose III. Extraído de Britannica.com: https://www.britannica.com/biography/Thutmose-III/Adornment-of-Egypt.

[ii] Scoville, P. (2015, 6 de noviembre). Amarna Letters. Extraído de Worldhistory.org: https://www.worldhistory.org/Amarna_Letters/.

Bahari. Estas proezas arquitectónicas mostraron las avanzadas habilidades artísticas y de ingeniería de los egipcios y reflejaron sus valores religiosos y culturales.

Los complejos de templos monumentales y las elaboradas tumbas caracterizan la arquitectura del Imperio Nuevo. Obeliscos altísimos y estatuas colosales son testimonios de la destreza de los egipcios en ingeniería. Los faraones del Imperio Nuevo eligieron el Valle de los Reyes como lugar de descanso final, un cambio que reflejaba tanto la importancia religiosa como la preocupación por la seguridad de las tumbas. El valle estaba en la orilla oeste del Nilo, donde se ponía el sol, por lo que tenía una relación simbólica con la muerte. El aislamiento del valle también ofrecía mayor seguridad frente a los ladrones de tumbas.

Los templos de Karnak y Lúxor son los mejores ejemplos de la arquitectura del Imperio Nuevo. Estos complejos, con sus columnas colosales, sus amplias salas hipóstilas y sus intrincados relieves, no solo eran lugares de culto, sino también centros de actividad económica. La ampliación del complejo del templo de Karnak, especialmente bajo Amenofis III y Ramsés II, muestra la ambición arquitectónica y la devoción religiosa del periodo. El templo de Hatshepsut en Deir el-Bahari ejemplifica el ingenio arquitectónico del Imperio Nuevo. Con su diseño en terrazas y su armoniosa integración en los acantilados circundantes, el templo de Hatshepsut sigue siendo una obra maestra de la arquitectura antigua[i].

El templo de Hatshepsut[19]

[i] Pbs.org. (2024, 19 de enero). Art & Architecture. Extraído de Pbs.org: https://www.pbs.org/empires/egypt/newkingdom/architecture.html.

La arquitectura del Imperio Nuevo estaba impregnada de un profundo significado simbólico y religioso. Los templos se alineaban a menudo con cuerpos celestes, lo que reflejaba la avanzada comprensión de la astronomía por parte de los egipcios y su integración en sus conceptos religiosos y arquitectónicos.

Los grandes proyectos de construcción del Imperio Nuevo no fueron meras muestras de poder religioso y real, sino también importantes motores de la economía. Proporcionaron empleo a muchos trabajadores, artesanos y administradores y estimularon diversos sectores, como la agricultura, la producción artesanal y el transporte. Políticamente, estas empresas arquitectónicas reforzaron el estatus divino de los faraones y legitimaron su gobierno[i].

Bajo Akenatón, el arte del Imperio Nuevo experimentó un cambio significativo, adoptando lo que se conoce como estilo Amarna. Este periodo vio un movimiento hacia representaciones más naturalistas y menos formales, especialmente en las representaciones de la familia real.

En el Imperio Nuevo también proliferaron las estatuas y esculturas, desde representaciones colosales de faraones hasta estatuas más pequeñas e íntimas de divinidades e individuos. Estas esculturas muestran a menudo un alto nivel de artesanía y realismo. Artículos como la joyería, la cerámica y el mobiliario hallados en tumbas y yacimientos arqueológicos son cruciales para comprender las prácticas artísticas cotidianas y las preferencias estéticas del Imperio Nuevo. El hábil arte que se observa en la joyería y las artes decorativas refleja una sofisticada comprensión de los materiales y las técnicas[ii].

Economía

El Imperio Nuevo fue testigo de una prosperidad económica alimentada por la riqueza acumulada gracias a las conquistas militares, las extensas redes comerciales y los eficaces sistemas administrativos. Los egipcios se dedicaron al comercio con sus vecinos, intercambiando

[i] Brewminate.com. (2019, 19 de abril). The Art and Architecture of New Kingdom Egypt c. 1570-1069.BCE. Extraído de brewmintate.com: https://brewminate.com/the-art-and-architecture-of-new-kingdom-egypt-c-1570-1069-bce/.

[ii] Pressbooks.bccampus.ca. (2024, 19 de enero). New Kingdom Art. Extraído de pressbooks.bccampus.ca: https://pressbooks.bccampus.ca/cavestocathedrals/chapter/new-kingdom/.

oro, papiro, lino y grano por artículos de lujo como incienso, marfil y animales exóticos. Esta prosperidad económica facilitó la construcción de grandes templos y tumbas.

El control sobre las rutas comerciales y los recursos desempeñó un papel importante en la expansión del Imperio Nuevo. La riqueza acumulada con estas empresas financió campañas militares y proyectos de construcción. El comercio con regiones como Punt, representado en el templo funerario de Hatshepsut, es un testimonio del alcance económico de Egipto. El intercambio de bienes, ideas y arte durante este periodo indica un nivel significativo de interacción cultural con otras civilizaciones, como los nubios, los hititas y los pueblos asiáticos.

Agitación religiosa

El Imperio Nuevo fue también una época de importantes transformaciones religiosas. La más notable fue la revolución religiosa bajo Akenatón, que estableció el monoteísmo centrado en el culto a Atón, el disco solar. Trasladó la capital a Ajetatón (la actual Amarna) y promovió a Atón como deidad suprema, disminuyendo el sistema de creencias politeísta tradicional. Aunque este cambio fue efímero, tuvo un profundo impacto en la religión egipcia.

El paso al monoteísmo, o más exactamente al monolatrismo (la adoración de un dios sin negar la existencia de otros), no tenía precedentes en la historia egipcia. La reforma religiosa de Akenatón supuso la elevación de Atón y la disminución sistemática de otros dioses, sobre todo Amón.

Las reformas religiosas de Akenatón tuvieron importantes implicaciones sociopolíticas. Al disminuir el papel de otras divinidades, Akenatón trató de reducir el poder y la riqueza del sacerdocio. Esta medida puede interpretarse como un intento de centralizar la autoridad religiosa y política bajo el faraón.

Tras la muerte de Akenatón, se produjo una rápida restauración de las prácticas religiosas politeístas tradicionales. Su sucesor, Tutankamón (el famoso rey Tut), desempeñó un papel fundamental en esta restauración religiosa. La capital fue trasladada de nuevo a Tebas y se hicieron esfuerzos para borrar los cambios, incluyendo la destrucción o desfiguración de los monumentos de Akenatón. Este rápido retroceso pone de relieve la naturaleza profundamente arraigada de las creencias y prácticas religiosas tradicionales en la sociedad del antiguo Egipto.

El reinado de Akenatón fue testigo de profundos cambios en los estilos artísticos. Las normas artísticas tradicionales, rígidas y formales, dieron paso a formas más naturalistas y relajadas, sobre todo en la representación de la familia real. Este nuevo estilo artístico, caracterizado por rostros y cuerpos alargados, era un reflejo de los cambios religiosos y culturales más amplios de la época[i].

Los faraones impactantes

Algunos de los gobernantes más legendarios de Egipto pasaron por el Imperio Nuevo. Amosis I, considerado el fundador de la dinastía XVIII, expulsó a los invasores hicsos y unificó Egipto. Sus sucesores, entre ellos Amenofis I, Tutmosis I y Amenofis III, continuaron fortificando y expandiendo el imperio.

Una característica definitoria de esta época fue el notable reinado de la reina Hatshepsut, una de las monarcas femeninas más influyentes y exitosas de la historia. Hatshepsut, conocida por su eficaz administración y sus ambiciosos proyectos de construcción, contribuyó significativamente a la prosperidad y la grandeza arquitectónica de Egipto.

- Amosis I (c. 1549-1524 a. e. c.)

  Fundador de la dinastía XVIII, Amosis I fue el arquitecto del Imperio Nuevo. Su importancia radica en sus exitosas campañas contra los hicsos, los gobernantes extranjeros que habían ocupado el norte de Egipto. Al expulsarlos, Amosis unificó Egipto. Sus logros militares sentaron las bases de la prosperidad y el poder que Egipto disfrutaría en los siglos venideros.

- Hatshepsut (c. 1479-1458 a. e. c.)

  Hatshepsut, una de las pocas faraonas de la historia del antiguo Egipto, fue una figura de profunda importancia. Su reinado fue de paz y crecimiento económico. Hatshepsut es más conocida por sus ambiciosos proyectos de construcción, entre los que destaca el templo de Deir el-Bahari. Su exitosa expedición comercial a Punt trajo riqueza y mercancías y animales exóticos a Egipto, mejorando su estatus cultural y económico.

---

[i] Taronas, L. (2024, 19 de enero). Akhenaten: The Mysteries of Religious Revolution. Extraído de Arce.org: https://arce.org/resource/akhenaten-mysteries-religious-revolution/.

- Tutmosis III (c. 1479-1425 a. e. c.)

Tutmosis III, hijastro de Hatshepsut, se convirtió en uno de los mayores faraones del Imperio Nuevo. Sus campañas militares ampliaron las fronteras de Egipto hasta su máxima extensión, extendiendo la influencia egipcia a Asia y Nubia. Su reinado no se limitó a la conquista; también contribuyó significativamente a las artes y la arquitectura en Egipto, encargando numerosos templos y monumentos.

- Amenofis III (c. 1386-1349 a. e. c.)

El reinado de Amenofis III estuvo marcado por la paz, la prosperidad y el florecimiento artístico. Conocido por sus dotes diplomáticas, mantuvo la posición de Egipto a través de matrimonios y alianzas estratégicas más que por su poderío militar. Sus contribuciones arquitectónicas son monumentales, incluyendo importantes adiciones al complejo del templo de Karnak y la construcción de los colosos de Memnón. Su reinado se considera a menudo como el apogeo de la sofisticación artística y cultural egipcia.

Los colosos de Memnón en 2015[20]

- Akenatón (Amenofis IV) (c. 1353-1336 a. e. c.)

Akenatón, originalmente Amenofis IV, es recordado por su revolución religiosa. Sustituyó la religión politeísta tradicional de Egipto por el culto a un único dios, Atón, y trasladó la capital a Ajetatón. Su reinado trajo consigo un estilo artístico distintivo que enfatizaba el realismo. Aunque sus reformas religiosas fueron controvertidas y en gran medida revocadas tras su muerte, representaron un alejamiento significativo de la cultura y la religión egipcias tradicionales.

- El rey Tutankamón (c. 1333-1323 a. e. c.)

El reinado del niño rey de Egipto vio la restauración de las antiguas prácticas religiosas. Aparte de eso, no hay nada realmente digno de mención sobre su reinado aparte de su misteriosa muerte a una edad temprana. El descubrimiento de su tumba fue un gran acontecimiento arqueológico porque no había sido tocada por los ladrones. Antes de este descubrimiento, solo podíamos imaginar lo asombrosas que eran las tumbas de los gobernantes antes de que fueran robadas.

- Ramsés II (c. 1279-1213 a. e. c.)

Ramsés II, también conocido como Ramsés el Grande, fue uno de los faraones que más tiempo reinó del Imperio Nuevo. Su reinado estuvo marcado por la brillantez arquitectónica, las campañas militares y una familia numerosa que aseguró una sucesión de gobernantes de su linaje. Se lo conoce sobre todo por la batalla de Qadesh contra los hititas, que condujo a la firma del primer tratado de paz del que se tiene constancia en la historia. Sus proyectos de construcción, incluida la edificación de los magníficos templos de Abu Simbel y el Ramesseum, su templo funerario, figuran entre los más impresionantes de la historia egipcia.

Estos faraones del Imperio Nuevo dejaron una huella indeleble en la historia egipcia. Cada gobernante, a su manera, contribuyó a la prosperidad y riqueza cultural del imperio. Sus legados han resistido la prueba del tiempo, desde conquistas militares y reformas religiosas hasta maravillas arquitectónicas y logros artísticos. Bajo su liderazgo, el Imperio Nuevo fue testigo del apogeo de la civilización egipcia.

El fin del Imperio Nuevo

A pesar de su grandeza, el Imperio Nuevo acabó sucumbiendo a las luchas internas y a las presiones externas, lo que condujo a su declive. La lucha de poder entre los faraones y los sumos sacerdotes de Amón, unida al ascenso de los gobernantes regionales, debilitó la autoridad central. El final del Imperio Nuevo marcó el comienzo de un periodo de fragmentación y dominación extranjera.

No obstante, el legado del Imperio Nuevo es perdurable. Los logros arquitectónicos y artísticos de este periodo siguen cautivando al mundo. Además, la influencia del Imperio Nuevo se extendió más allá de sus fronteras, impactando en las culturas vecinas y en civilizaciones posteriores.

La era ptolemaica (323-30 a. e. c.)

El declive de Egipto tras el final del Imperio Nuevo incluyó la conquista por parte de los extranjeros, incluidos los kushitas (que fundaron la dinastía XXV), los asirios y los persas. Se produjo un cambio significativo en el siglo IV a. e. c. cuando Alejandro Magno se apoderó de Egipto e inauguró la era ptolemaica.

La época ptolemaica destaca como un periodo notable de la historia antigua. Fue una época marcada por profundos logros culturales, económicos, políticos y religiosos, que configuraron de forma significativa la narrativa histórica de Egipto. Políticamente, la época ptolemaica se caracterizó por una relativa estabilidad y un gobierno eficaz. Los Ptolomeos, al adoptar el título de faraón, se integraron hábilmente en la sociedad egipcia. Al participar en las prácticas religiosas egipcias y respetar las costumbres tradicionales, se ganaron la aceptación y la legitimidad del pueblo egipcio. Este enfoque de la gobernanza ayudó a mantener la estabilidad interna y fomentó un sentimiento de unidad dentro del reino[i].

Un aspecto notable de la época ptolemaica fue la síntesis de las culturas griega y egipcia. Esta fusión es evidente en diversas formas de expresión artística, como la escultura, donde los peinados y rasgos griegos se combinaban con atributos tradicionales egipcios. Esta mezcla cultural no fue solo un esfuerzo creativo, sino también un movimiento estratégico para crear una sociedad armoniosa, amalgamando las tradiciones de los gobernantes griegos con las de la población egipcia.

Los gobernantes ptolemaicos eran expertos en ampliar su territorio y su influencia. Ptolomeo II hizo crecer el tamaño de Egipto. Estas expansiones no fueron conquistas militares y astutas maniobras diplomáticas, como el establecimiento de puestos comerciales a lo largo del mar Rojo y la celebración de matrimonios para forjar alianzas. Tales

---

[i] New World Encyclopedia. (2024, 19 de enero). Ptolemaic Dynasty. Extraído de New World Encyclopedia: https://www.newworldencyclopedia.org/entry/Ptolemaic_dynasty.

políticas contribuyeron a solidificar la posición de Egipto en la región y a aumentar su influencia en el mundo mediterráneo[i].

La Biblioteca de Alejandría

La Biblioteca de Alejandría fue el principal logro de la era ptolemaica. Esta institución no era solo un depósito de libros, sino también el epicentro del aprendizaje y la actividad intelectual del mundo antiguo. Formaba parte de un complejo erudito conocido como el *Mouseion* que la dinastía ptolemaica construyó para hacer avanzar el conocimiento y el estudio de las ideas. Eruditos de diversas disciplinas se reunían aquí, contribuyendo a un intercambio de ideas y conocimientos sin precedentes. La amplia colección de manuscritos de la biblioteca la convirtió en un faro de erudición y educación[ii].

La biblioteca fue construida por Ptolomeo II Filadelfo, que compró los primeros libros de la biblioteca. Los faraones sucesores siguieron comprando manuscritos, pero idearon una forma novedosa de ampliar la colección de la biblioteca. Los libros se tomaban de los barcos que entraban en el puerto de Alejandría y se copiaban, pasando entonces los originales a ser propiedad de la biblioteca[iii].

La colección de la Biblioteca de Alejandría era asombrosa en volumen y diversidad. Se calcula que contenía más de medio millón de pergaminos, que abarcaban una gran variedad de temas, desde la poesía épica y el drama hasta la ciencia y la religión.

Los eruditos residían en Alejandría, disfrutando de un mecenazgo real que les permitía centrarse exclusivamente en sus estudios y enseñanzas. Entre ellos se encontraban Euclides, Herófilo y Arquímedes, cuyas obras influyeron profundamente en las generaciones posteriores.

La Biblioteca de Alejandría sigue siendo objeto de fascinación y estudio, simbolizando el cenit de la erudición antigua y la trágica pérdida del patrimonio cultural e intelectual. En los tiempos modernos, el

[i] Wasson, D. L. (2016, 29 de septiembre). Ptolemaic Dynasty. Recuperado de Worldhistory.org: https://www.worldhistory.org/Ptolemaic_Dynasty/.

[ii] Haughton, B. (2011, 1 de febrero). What Happened to the Great Library at Alexandria? Extraído de Worldhistory.org: : https://www.worldhistory.org/article/207/what-happened-to-the-great-library-at-alexandria/.

[iii] Mark, J. J. (2023, 25 de julio). Library of Alexandria. Extraído de Worldhistory.org: https://www.worldhistory.org/Library_of_Alexandria/.

renacimiento de la Biblioteca de Alejandría pretende recuperar el espíritu de su antigua homónima. Inaugurada en 2002, esta moderna biblioteca y centro cultural de Alejandría pretende reavivar el legado de aprendizaje y diálogo de la antigua biblioteca. Esta institución se erige en testimonio del perdurable encanto de la Biblioteca de Alejandría y de su duradero impacto en el imaginario colectivo de la humanidad.

Economía

La agricultura experimentó avances sustanciales bajo el dominio ptolemaico. Los gobernantes pusieron en práctica eficaces estrategias de recuperación de tierras y de regadío, aumentando significativamente la superficie cultivable. La introducción de nuevos cultivos, como el olivo y las uvas superiores productoras de vino, diversificó y enriqueció aún más el sector agrícola. Estas innovaciones no solo impulsaron la economía, sino que también mejoraron la calidad de vida de la población egipcia[i].

La época ptolemaica marcó una importante transición en la economía egipcia con la introducción de un sistema de acuñación de moneda. Este cambio de una economía de trueque a una monetizada facilitó los intercambios y el comercio nacional e internacional. La dinastía ptolemaica estableció Egipto como un corredor comercial fundamental, que unía el Mediterráneo con África y el océano Índico. Esto reforzó la posición de Egipto como potencia económica en el mundo antiguo[ii].

El puerto y los faros

El puerto de Alejandría fue el epicentro de la prosperidad del Egipto ptolemaico. Como centro comercial más activo del Mediterráneo, el puerto de Alejandría fue decisivo para facilitar el crecimiento y la prosperidad de Alejandría, convirtiéndola en la ciudad más grande del mundo antiguo en aquella época. El diseño y la gestión del puerto fueron fundamentales para su éxito como centro comercial. Los arquitectos griegos planificaron meticulosamente la ciudad siguiendo un patrón cuadriculado, con amplias calles principales y enmarcada por las significativas Puertas del Sol y de la Luna[iii].

---

[i] Ancientegptianfacts.com. (2024, 19 de enero). Facts About Ancient Egyptians. Extraído de Ancientegptianfacts.com: https://ancientegyptianfacts.com/ptolemaic-period-egypt.html.

[ii] King, A. (2018, 25 de julio). The Economy of Ptolemaic Egypt. Extraído de Worldhistory.org: https://www.worldhistory.org/article/1256/the-economy-of-ptolemaic-egypt/.

[iii] Bevan, E. (2024, 19 de enero). Chapter IV: The People, the Cities, the Court. Extraído de

Entre las maravillas arquitectónicas de Alejandría, el Faro de Alejandría, que estaba localizada en la isla de Faro, se erigió como testimonio de las avanzadas capacidades arquitectónicas y de ingeniería de la ciudad. Construida durante los reinados de Ptolomeo I y Ptolomeo II, esta estructura monumental fue una de las Siete Maravillas del Mundo Antiguo. Con más de cien metros de altura, el Faro no solo era un edificio impresionante, sino también un faro de seguridad y orientación para los marineros que navegaban por las traicioneras aguas del Mediterráneo.

Su función principal era guiar a los barcos con seguridad hasta el puerto de Alejandría. Los historiadores creen que un fuego, probablemente alimentado por petróleo debido a la escasez de madera, se mantenía encendido en lo alto de la torre para asegurar la visibilidad por la noche. Esta característica fue innovadora para su época, y el Faro pronto se convirtió en un modelo para los faros de todo el mundo antiguo. El diseño del faro incluía posiblemente un espejo de bronce pulido, que reflejaba la llama a mayor distancia y funcionaba como reflector de la luz solar durante el día[i].

Faraones destacados del Egipto ptolemaico

- Ptolomeo I Soter (323-282 a. e. c.)

  Ptolomeo I Soter, general de Alejandro Magno, asumió el control de Egipto tras la desaparición de Alejandro en el año 323 a. e. c. y fundó la dinastía ptolemaica. Su reinado sentó las bases de la cultura helenística en Egipto. El logro más notable de Ptolomeo I fue el desarrollo urbano de Alejandría, que se convertiría en un floreciente centro de comercio y cultura helenística. Bajo su reinado, Alejandría emergió como un faro del aprendizaje y la cultura, atrayendo a eruditos y artistas de todo el mundo mediterráneo.

- Ptolomeo II Filadelfo (285-246 a. e. c.)

  Ptolomeo II Filadelfo, hijo de Ptolomeo I, es famoso por sus aportaciones culturales y económicas. Amplió

Penelope.uchicago.edu: https://penelope.uchicago.edu/Thayer/E/Gazetteer/Places/Africa/Egypt/_Texts/BEVHOP/4B*.html.

[i] Cartwright, M. (2018, 24 de julio). Lighthouse of Alexandria. Extraído de Worldhistory.org: https://www.worldhistory.org/Lighthouse_of_Alexandria/.

considerablemente la Biblioteca de Alejandría, convirtiéndola en un símbolo de la excelencia académica y en un depósito de vastos conocimientos. Bajo su reinado, Alejandría fue testigo de un crecimiento cultural sin precedentes, convirtiéndose en el epítome de la sofisticación helenística. Ptolomeo II también se centró en fortalecer la economía de Egipto. Estableció amplias redes comerciales y mejoró las prácticas agrícolas, asegurando la prosperidad y la estabilidad del reino.

- Ptolomeo III Evergetes (246-222 a. e. c.)

Ptolomeo III Evergetes heredó un reino estable y próspero. Se lo recuerda por su destreza militar y su política expansionista. Su reinado estuvo marcado por el éxito de la tercera guerra siria, que amplió las fronteras territoriales de Egipto. Las campañas militares de Ptolomeo III no solo tenían que ver con la adquisición de tierras; también sirvieron para asegurar las rutas comerciales y los recursos, reforzando la posición económica y estratégica de Egipto en la región. Su gobierno fue también un periodo de florecimiento cultural y económico, continuando el legado de sus predecesores en el apoyo a las artes, las ciencias y el desarrollo económico. |

- Cleopatra VII Filopátor (51-30 a. e. c.)

Cleopatra VII, posiblemente la más famosa de los gobernantes ptolemaicos, fue una figura célebre por su inteligencia, astucia política y carisma. Su reinado estuvo marcado por acontecimientos turbulentos y alianzas estratégicas con figuras romanas clave como Julio César y Marco Antonio. El principal objetivo de Cleopatra era preservar la independencia de Egipto en medio del ascenso de Roma. Emprendió grandes esfuerzos para revitalizar la economía de Egipto y restaurar su antigua gloria. Sin embargo, su reinado culminó en tragedia con su derrota en la batalla de Accio y su posterior suicidio, lo que provocó la caída de la dinastía ptolemaica y la anexión de Egipto por Roma.

El legado de Cleopatra es complejo; se la recuerda por sus intentos de revivir la fortuna de Egipto y por su papel en la caída final de la dinastía.

La era ptolemaica terminó con la muerte de Cleopatra y la absorción de Egipto por la República romana. Egipto seguiría siendo una potencia económica en el Mediterráneo, pero sería una nación sometida. Los días de gloria de Egipto habían terminado, al menos por el momento.

La dinastía ptolemaica fue una época de intrigas, poder, fusión cultural y cambios dramáticos en el panorama político del mundo antiguo. Egipto navegó por una época que conoció escenarios políticos complejos y un crecimiento económico al tiempo que alimentaba un entorno cultural sin parangón para su época. El antiguo Egipto es una saga asombrosa en la historia de la humanidad.

Capítulo 7: Kerma

El reino de Kerma fue el primer estado centralizado conocido del valle del Nilo al sur de Egipto. Estaba situado en el emplazamiento de la moderna ciudad de Kerma, en el norte de Sudán. La sociedad de Kerma se caracterizaba por una cultura sofisticada con una cerámica distintiva, arquitectura y un sistema de gobierno. Kerma era el intermediario entre Egipto y el interior de África. El reino de Kerma acabó sucumbiendo a la expansión del Imperio Nuevo de Egipto bajo Tutmosis I, y fue incorporado al imperio egipcio.

Estructura política interesante

Un problema que tienen los eruditos con la civilización de Kerma es que Kerma no tenía alfabeto escrito, por lo que sabemos de este reino procede de fuentes egipcias. Esto, por supuesto, significa que la historia registrada de Kerma está sesgada a favor de los egipcios. Sí sabemos que después de que Kerma absorbiera el reino de la isla de Sai, el nuevo estado rivalizaba con Egipto en tamaño. El reino de Kerma se extendía hacia el norte hasta la primera catarata del río Nilo. También sabemos que Kerma no era un surtido primitivo de tribus, sino que tenía una estructura social y de gobierno que igualaba a Egipto.

Las mujeres tenían un papel en el gobierno de Kerma y podían ser cogobernantes con sus maridos o reinar solas como reinas soberanas. Las provincias del reino de Kerma desempeñaban un papel crucial en su maquinaria administrativa. Cada provincia estaba dirigida por un gobernador conocido como *pesto*, que garantizaba el buen funcionamiento de sus respectivas provincias. Tenían un cuadro de subordinados a sus órdenes, lo que indica que Kerma contaba con un sistema burocrático estructurado.

Estos monarcas no solo eran líderes políticos, sino que también tenían un significado religioso, ya que rendían culto predominantemente a Amón, una deidad compartida con las tradiciones religiosas egipcias. Esta práctica religiosa centralizada subrayaba la gobernabilidad y la identidad cultural del reino.

La fuerza militar de Kerma era un testimonio de su eficaz gobierno. Conocida como «la Tierra del arco», los soldados de Kerma eran famosos por sus habilidades con el arco. Además, los guerreros kermitas utilizaban lanzas, picas y espadas *khopesh*. Su poderío militar protegía al reino de las amenazas externas y desempeñaba un papel en su política expansionista[1].

La organización social en Kerma, tal y como evidencian sus prácticas funerarias, revela una sociedad en la que la riqueza y el estatus se extendían más allá de la clase dirigente. Los cementerios presentan elaboradas tumbas para la élite gobernante, prósperos comerciantes y otros individuos acaudalados, lo que sugiere una matizada estratificación social dentro del reino.

Excavaciones en Kerma[21]

[1] Team, E. (2018, 3 de noviembre). The Kingdom of Kerma (2.500-1.500 BC). Extraído de Thinkafrica.net: https://thinkafrica.net/the-kingdom-of-kerma-2500-1500-bc/.

La economía de Kerma

La situación estratégica del reino en las rutas comerciales desde África central hasta el Mediterráneo permitió que su economía prosperara. Los gobernantes de Kerma aprovecharon su lucrativa posición imponiendo impuestos y peajes a las caravanas comerciales que pasaban por su territorio, lo que contribuyó significativamente a la riqueza del reino.

La economía de Kerma se vio reforzada por sus ricos recursos naturales, como el oro, el ganado, los productos lácteos, el ébano, el marfil y otros materiales valiosos. La explotación de estos recursos bajo un sistema de gobierno centralizado facilitó la prosperidad económica, un elemento clave para mantener el poder y la influencia del reino. Kerma destacó en industrias como la metalurgia y la alfarería.

Antiguo cuenco de Kerma[22]

Un trato con el diablo

La relación de Kerma con el antiguo Egipto fue polifacética, abarcando elementos tanto cooperativos como antagónicos. Durante el Periodo Kerma Medio (c. 1990-1725 a. e. c.), que coincidió con el Reino Medio de Egipto, hubo actividad militar egipcia en la Baja Nubia que sugiere que Kerma era percibida como una amenaza significativa para los intereses egipcios. En esta época se construyeron importantes fortificaciones egipcias en el valle medio del Nilo, destinadas a proteger la frontera del Alto Egipto contra las incursiones de Kerma y a asegurar valiosas rutas comerciales. Los recursos que poseía Kerma eran muy codiciados por Egipto, lo que alimentó aún más la rivalidad.

Kerma prosperó ordinariamente cuando Egipto estaba en declive. La toma del Bajo Egipto por los hicsos dio a Kerma la oportunidad de obtener una considerable ventaja regional. La alianza entre Kerma y los hicsos durante el conflicto entre egipcios e hicsos es un ejemplo fascinante de las antiguas maniobras geopolíticas que influyeron en las relaciones entre estados[i].

Los hicsos eran un grupo de pueblos asiáticos que se establecieron en el Bajo Egipto. El Segundo Periodo Intermedio de Egipto fue una época de fragmentación política, y los hicsos aprovecharon la vulnerabilidad de Egipto haciéndose con el control del noreste del delta del Nilo y formando una importante fuerza militar y política en la región.

Las anteriores acciones militares egipcias probablemente influyeron en la decisión de Kerma de aliarse con los hicsos en la región. Kerma podría haber considerado una alianza con los hicsos como un movimiento estratégico para contrarrestar el poder egipcio y proteger sus intereses económicos. Un periodo de debilidad interna egipcia fue una oportunidad para que Kerma ampliara su poder. Esta alianza permitió a Kerma extender sus fronteras hacia Egipto y atacar el sur de Egipto.

Atrapado entre los hicsos y los kermas, Egipto estaba indefenso. Sin embargo, esta situación no duró mucho[ii].

La invasión de Kerma y el saqueo de los tesoros egipcios fue una humillación que Egipto no olvidaría. Los faraones egipcios de la dinastía XVII (c. 1580-1550 a. e. c.) emprendieron campañas militares contra los hicsos, que contaban con el apoyo de mercenarios kermitas. Amosis I, el fundador de la XVIII dinastía egipcia, derrotó a los hicsos, poniendo fin a su periodo de poder. Kerma se convirtió entonces en el blanco de la venganza egipcia.

---

[i] DeMola, P. (2013, 14 de marzo). Interrelations of Kerma and Pharaonic Egypt. Extraído de World History Encyclopedia: https://www.worldhistory.org/article/487/interrelations-of-kerma-and-pharaonic-egypt/.

[ii] Team, E. (2018, 3 de noviembre). The Kingdom of Kerma (2500-1500 BC). Extraído de Thinkafrica.net: https://thinkafrica.net/the-kingdom-of-kerma-2500-1500-bc/.

Después de que los egipcios expulsaran a los hicsos, lanzaron campañas punitivas contra Kerma, sobre todo durante el reinado del faraón Tutmosis I. Los principales objetivos de la invasión egipcia eran neutralizar la amenaza que representaba Kerma, reafirmar el control egipcio sobre Nubia y acceder directamente a los ricos recursos auríferos de la región. La campaña militar de Tutmosis I contra Kerma fue un esfuerzo calculado para eliminar un peligro creciente y recuperar territorios y recursos perdidos.

Tutmosis I presionó hacia el sur, hacia Nubia. El ejército egipcio, conocido por sus carros y arqueros, avanzó hacia la capital de Kerma, superando sus defensas. Estas campañas culminaron con una decisiva victoria egipcia en 1504 a. e. c. y la posterior anexión del reino de Kerma al imperio egipcio.

Egiptización de Kerma

La conquista de Kerma tuvo importantes consecuencias culturales y políticas. La anexión condujo a la egiptización de la región, y la identidad cultural única de Kerma se vio cada vez más influida por la cultura egipcia. Esto incluyó la adopción de prácticas religiosas, formas artísticas y sistemas administrativos egipcios. A pesar de esta integración cultural, hubo continuos casos de rebelión y resistencia en la región, pero estos no cambiaron el destino del reino nubio. Kerma se convirtió en una provincia importante del imperio egipcio desde el punto de vista económico, político y espiritual[i].

En resumen

El reino de Kerma destaca como un ejemplo notable de gobierno eficaz y administración provincial sofisticada en el mundo antiguo. Su estructura política centralizada, su eficaz gobernanza local, su prosperidad económica, su fortaleza militar y su avanzada planificación urbana pusieron de relieve colectivamente una civilización compleja y progresista para su época.

---

[i] DeMola, P. (2013, 14 de marzo). Interrelations of Kerma and Pharaonic Egypt. Extraído de World History Encyclopedia: https://www.worldhistory.org/article/487/interrelations-of-kerma-and-pharaonic-egypt/.

Capítulo 8: La antigua Cartago

A menudo pensamos en los imperios como vastas extensiones de tierra explotadas por sus recursos naturales que se extraen a la fuerza o se cortan del suelo. Esta imagen incluye grandes guarniciones ocupacionales. Sin embargo, algunos imperios antiguos no consistían en provincias expansivas; en cambio, contaban con extensos puestos avanzados costeros. Esas naciones imperiales dependían del comercio y no siempre se extendían profundamente hacia el interior.

Cartago era un antiguo imperio cuyas posesiones se basaban en las oportunidades comerciales. Era una potencia marítima que hacía hincapié en el comercio por encima de otras preocupaciones imperiales. Tenía un control casi total sobre las rutas marítimas del Mediterráneo occidental.

Raíces en Oriente Medio

La Eneida de Virgilio cuenta cómo la reina Dido fundó Cartago. Supuestamente, dispuso finas tiras de piel de buey en semicírculo alrededor de una colina con el mar formando un lado. Es una leyenda encantadora, pero esta historia de la fundación de la ciudad es pura ficción. La verdadera historia de Cartago comenzó en lo que hoy es el Líbano; los protagonistas fueron los fenicios.

Los fenicios establecieron varias colonias a lo largo del Mediterráneo para facilitar su extensa red comercial. Cartago, situada en la costa del actual Túnez, fue una de estas colonias. El nombre fenicio de la ciudad, Qart Hadasht, que significa «ciudad nueva», reflejaba su condición de nueva empresa de estos emprendedores marinos. Los historiadores y arqueólogos modernos han examinado tanto los registros cartagineses como los externos y se han decantado en gran medida por el 814 a. e. c. como la fecha más probable para la fundación de Cartago. Esto se basa en una convergencia de documentos históricos y datos arqueológicos a pesar de las fechas de fundación anteriores sugeridas por algunas fuentes antiguas.

La situación estratégica de Cartago fue crucial para su éxito. Situada en la costa tunecina, controlaba el paso entre Sicilia y la costa norteafricana, lo que la convertía en un lugar ideal para un próspero puerto y centro comercial. Esta posición ventajosa permitió a Cartago dominar las rutas comerciales marítimas a través del Mediterráneo occidental[i].

Inicialmente colonia de Tiro, Cartago afirmó gradualmente su independencia, especialmente después de que Tiro cayera en manos de los babilonios en el 573 a. e. c. Cartago comenzó a establecer sus colonias y a expandir su territorio en África, marcando el inicio de su transformación en un poderoso imperio[ii].

<u>Lazos con la madre patria</u>

Cartago conservó una fuerte identidad fenicia (púnica) a pesar de su independencia política. La lengua púnica, un dialecto del fenicio, se hablaba en Cartago y siguió utilizándose durante siglos tras la caída de la ciudad. Esta conservación de la lengua y de las prácticas culturales ilustra la perdurable influencia de la cultura fenicia en Cartago.

<u>Gobierno</u>

Inicialmente, Cartago funcionó probablemente bajo un sistema monárquico similar al de otras ciudades-estado fenicias. Los reyes, aunque fundamentales, no ejercían un poder absoluto y trabajaban junto a un consejo de asesores conocido como los *adirim*, compuesto por miembros ricos e influyentes de la sociedad. Este consejo desempeñaba un papel crucial en los asuntos importantes del estado, como la religión, la administración y los asuntos militares. El senado cartaginés (conocido como *drm*) era un cuerpo de ciudadanos influyentes que ejercían el cargo de forma vitalicia,

---

[i] Hunt, P. (2024, 22 de enero). Carthage. Extraído de Britannica.com: https://www.britannica.com/place/Carthage-ancient-city-Tunisia.

[ii] Dickinson College Commentaries. (2024, 22 de enero). Carthage: Early History. Extraído de dcc.dickoinson.edu: https://dcc.dickinson.edu/nepos-hannibal/carthage-early-history.

Alrededor del 480 a. e. c. se produjo un cambio significativo en el gobierno cartaginés tras la muerte del rey Amílcar I. Este periodo marcó el debilitamiento gradual de la monarquía y el surgimiento de una república oligárquica, caracterizada por un complejo sistema administrativo, controles y equilibrios y responsabilidad pública.

Los *sufetes*

En la cúspide del gobierno cartaginés había dos *sufetes*, parecidos a los presidentes o primeros ministros actuales. Eran elegidos anualmente por las familias más ricas e influyentes de la ciudad. A diferencia de las monarquías absolutas de la época, los *sufetes* tenían mandatos limitados y ejercían poderes judiciales y ejecutivos. Sus funciones consistían en convocar el consejo supremo, someter los asuntos a la asamblea popular y supervisar los juicios. Este sistema indicaba una sociedad plutocrática en la que la riqueza desempeñaba un papel crucial en la participación política.

Gerousia y los magistrados de cinco

Aristóteles comentó la constitución de Cartago y prestó especial atención a la *Gerousia*, un consejo de ancianos. Compuesto por veintiocho miembros elegidos de por vida, este consejo asesoraba a magistrados y generales, supervisaba la administración de justicia y actuaba como tribunal de apelación. Sus miembros, seleccionados entre familias distinguidas, solían tener más de sesenta años, lo que reflejaba un sistema que veneraba la experiencia y la sabiduría.

Los magistrados de cinco, otro órgano esencial en la política cartaginesa, eran responsables de la justicia y las finanzas. Elegidos para mandatos de un año, desempeñaban un papel importante en el gobierno de la ciudad, sobre todo en la selección del Consejo Supremo de los Cien. Con el tiempo, su influencia disminuyó, pero su papel en los primeros tiempos subraya la complejidad de la gobernanza cartaginesa.

Aristóteles creía que la constitución de Cartago era más oligárquica que aristocrática, ya que el poder significativo se concentraba en manos de unos pocos ricos. Esta oligarquía se mantenía mediante un sistema que enriquecía a sectores de la población, estabilizando así el Estado. Los gobernantes, a menudo individuos ricos, eran elegidos no solo por sus méritos, sino también por su estatus financiero, lo que reflejaba una sociedad en la que el poder económico se traducía en influencia política[i].

Una característica distintiva del gobierno cartaginés era su junta judicial de 104 miembros, que examinaba las acciones de los generales militares y otros oficiales. Este órgano, compuesto por senadores vitalicios, se encargaba de evaluar la actuación de los comandantes militares y de hacerlos responsables de los resultados de sus campañas. Un general que perdía podía esperar duras consecuencias. Podían imponerse multas sustanciales y, en casos extremos, la crucifixión. El abanico de castigos para las campañas fallidas subraya las estrictas normas que defendía Cartago. El suicidio era un medio de evitar la ejecución.

La estructura administrativa del Imperio cartaginés estaba marcada por un cierto grado de autonomía de los gobernadores regionales, sobre todo en la gobernanza local, al tiempo que se mantenía un control centralizado en los asuntos militares y exteriores. Este equilibrio entre autonomía local y supervisión central era crucial para gestionar los extensos territorios de Cartago, que abarcaban partes del norte de África, la península ibérica y varias islas mediterráneas. Aunque disfrutaban de cierta medida de autogobierno, estas regiones estaban obligadas a pagar tributo y prestar apoyo militar a Cartago[ii].

Sociedad

Cartago contaba con una asamblea popular conocida como el 'm (ham), que se encargaba de votar los asuntos propuestos por los *sufetes* y el senado y de elegir a los funcionarios, incluidos los *sufetes*, el sacerdote principal, el tesorero y los comandantes militares.

La ciudadanía cartaginesa estaba dominada por los hombres. Las mujeres, los esclavos y los extranjeros no podían participar en el gobierno. La vida social y política en Cartago estaba determinada principalmente por la condición de ciudadano, artesano, extranjero o esclavo. Los artesanos, los trabajadores menos calificados, las mujeres y los esclavos formaban una parte importante de la población de la ciudad

[i] EDU, W. H. (2023, 10 de mayo). Aristotle's Analysis of the Carthaginian Constitution. Extraído de Worldhistory.edu: https://worldhistoryedu.com/aristotles-analysis-of-the-carthaginian-constitution/.

[ii] Cartwright, M. (2016, 16 de junio). Carthaginian Society. Recuperado de Worldhistory.org: https://www.worldhistory.org/article/908/carthaginian-society/.

y contribuían a su prosperidad económica[i].

El panorama religioso de Cartago, enraizado en el politeísmo fenicio, influyó significativamente en su vida cultural y política. Los artesanos y comerciantes del imperio comerciaban con una amplia gama de mercancías, como especias, tejidos y esclavos, lo que demuestra la diversidad económica de Cartago y su papel fundamental en las antiguas redes comerciales[ii].

La economía

Económicamente, Cartago era una potencia. La economía de Cartago estaba impulsada principalmente por su extensa red comercial, que abarcaba desde el Mediterráneo occidental hasta las costas del norte de África y más allá. La situación estratégica de la ciudad-estado cerca del estrecho paso marítimo entre Sicilia y el norte de África, la situaba en la encrucijada de rutas marítimas vitales, facilitando el flujo de mercancías en el Mediterráneo. Los puertos de Cartago bullían de barcos cargados con una gran variedad de mercancías, lo que ponía de relieve el papel central de la ciudad en el comercio mediterráneo.

Una ilustración moderna de cómo era Cartago antaño[23]

---

[i] Cartwright, M. (2016, 16 de junio). Carthaginian Society. Recuperado de Worldhistory.org: https://www.worldhistory.org/article/908/carthaginian-society/.

[ii] LibreTextos. (2024, 22 de enero). 4.2 Ancient Carthage. Extraído de Libretexts.org: https://human.libretexts.org/Courses/Lumen_Learning/Book%3A_Early_World_Civilizations_(Lumen)/Ch._03_Early_Civilizations_of_Africa_and_the_Andes/04.2%3A_Ancient_Carthage.

El espíritu de exploración era evidente en la sociedad cartaginesa, como ejemplificaron navegantes como Hanno e Himilcón. Sus viajes extendieron la influencia de Cartago y abrieron nuevas rutas comerciales. La exploración de Hanno a lo largo de la costa africana y las aventuras de Himilcón a lo largo de las costas noroccidentales de Europa no solo tenían que ver con el descubrimiento, sino también con el establecimiento de nuevas conexiones comerciales y colonias[i].

Cartago era famosa por su comercio diversificado, comerciando con metales preciosos como el oro, la plata, el estaño y el cobre, junto a productos cotidianos como pieles de animales, lana y marfil. Un aspecto significativo y más oscuro de su comercio era el de los esclavos. La ciudad también era conocida por su artesanía, produciendo y exportando arte, textiles, armas y toda una serie de productos manufacturados. La armada cartaginesa, una poderosa fuerza en el Mediterráneo, protegía estos intereses comerciales y mantenía agresivamente el control sobre las rutas marítimas críticas[ii].

Militares cartagineses

El Imperio cartaginés, conocido por su formidable presencia en el antiguo mundo mediterráneo, presenta una imagen de poderío militar y gobierno sofisticado. Tras las importantes pérdidas sufridas en las guerras sicilianas durante los siglos V y IV a. e. c., Cartago recurrió a una estrategia militar extraordinaria: el uso extensivo de fuerzas mercenarias.

Este giro fue necesario por la necesidad de reponer sus mermadas filas. Los reclutadores cartagineses recorrieron el Mediterráneo, atrayendo soldados de diversas regiones, como la Galia, Iberia, Libia y Grecia.

Una característica distintiva del ejército cartaginés era el uso de elefantes y carros de guerra. Estos elefantes, a menudo blindados, se desplegaban para desorganizar las formaciones enemigas. A pesar de su formidable presencia en el campo de batalla, su eficacia se veía atenuada por su imprevisibilidad y las estrategias de adaptación del enemigo. Los carros, utilizados hasta el siglo III a. e. c., eran operativos principalmente

---

[i] Staff, E. (2021, 31 de octubre). Carthaginian Trade: Trade Routes of Ancient Carthage. Extraído de Carthagemagazine.com: https://carthagemagazine.com/carthaginian-trade-routes-of-ancient-carthage/.

[ii] Cartwright, M. (2016, 17 de junio). Carthaginian Trade. Recuperado de Worldhistory.org: https://www.worldhistory.org/article/911/carthaginian-trade/.

en el norte de África y el sur de España, lo que pone de manifiesto la adaptación de Cartago de sus tácticas militares a los diferentes terrenos.

Una mezcla de formaciones de infantería pesada parecidas a la falange griega y de caballería ágil y escaramuzadores caracterizaba las estrategias militares cartaginesas. Sin embargo, la eficacia de estas fuerzas dependía en gran medida de la capacidad del comandante para movilizar un contingente tan variado en una fuerza unificada y formidable[i].

Las guerras púnicas

Primera guerra púnica (264-241 a. e. c.)

El Mediterráneo occidental justo antes del inicio de la primera guerra púnica[24]

Cartago fue la potencia indiscutible del Mediterráneo occidental durante siglos, pero hacia el año 300 a. e. c., ese estatus estaba empezando a cambiar. La República romana había pasado de ser un pequeño grupo de asentamientos a convertirse en la principal potencia de la península itálica. Y se estaba expandiendo. No pasaría mucho tiempo antes de que Cartago y Roma se enfrentaran.

La primera guerra púnica, un importante y prolongado conflicto librado entre Roma y Cartago, ofrece un fascinante estudio de la interacción de la innovación militar, los recursos económicos y la

---

[i] Cartwright, M. (2916, 8 de enero). Carthaginian Army. Extraído de Worldhistory.org: https://www.worldhistory.org/Carthaginian_Army/.

diplomacia estratégica. Combatida principalmente por el control de Sicilia, la guerra remodeló la dinámica de poder en el Mediterráneo y sentó las bases para la futura expansión romana.

Los orígenes del conflicto

La génesis de la primera guerra púnica se remonta a la complicada situación geopolítica de Sicilia. La isla era un crisol de culturas y diversas potencias. Los griegos, los cartagineses y las tribus nativas sicilianas luchaban a menudo por la supremacía. La situación estratégica de Sicilia en el centro del Mediterráneo la convertía en una valiosa base naval y un activo comercial. La causa inmediata de la guerra fue un conflicto relacionado con Mesana, una ciudad de Sicilia.

Los mamertinos, mercenarios de origen italiano, se habían hecho con el control de la ciudad y se enfrentaban a la oposición del rey Hierón II de Siracusa. Su petición de ayuda se convirtió en una crisis diplomática cuando tanto Roma como Cartago respondieron, preparando así el escenario para un conflicto más amplio[i].

Los enfrentamientos navales definieron la guerra. Roma pasó de ser una potencia terrestre a tener una de las armadas más poderosas del mundo antiguo. Cartago tenía una larga tradición marinera y, por tanto, contaba con una poderosa armada. Al principio, Roma no pudo hacer frente a su enemigo marítimo. Sin embargo, los romanos demostraron una adaptabilidad y un ingenio excepcionales y se embarcaron en un rápido fortalecimiento naval.

Introdujeron el *corvus,* un puente de abordaje que les permitía aprovechar sus superiores tácticas de infantería en el mar. Esta innovación fue fundamental en su primera victoria naval significativa en la batalla de Milas en 260 a. e. c. y más tarde en la gran batalla de batalla de Ecnomo en 256 a. e. c.. Aunque no acabaron decisivamente con el dominio naval cartaginés, estas victorias demostraron la tenacidad y el ingenio romanos.

Roma no fue la única innovadora militar. Cartago reclutó al capitán espartano Jantipo para reorganizar su ejército. Adoptando el modelo macedonio de armas combinadas, Jantipo reestructuró el ejército para maximizar la eficacia de sus diversos elementos, incluyendo su caballería, elefantes y una falange ciudadana.

---

[i] Editors, H. (2013, 12 de junio). Punic Wars. Extraído de Hisory.com: https://www.history.com/topics/ancient-rome/punic-wars#first-punic-war-264-241-b-c.

Los romanos al mando de Marco Atilio invadieron el norte de África en el 256 a. e. c. Los romanos gozaron inicialmente de éxito, pero Jantipo acabó derrotándolos. Sus reformas militares dieron como resultado una gran victoria en la batalla del río Bagradas en el 255 a. e. c., donde las fuerzas cartaginesas reformadas derrotaron decisivamente a los romanos[i].

A pesar de este revés, la determinación de Roma no flaqueó. Los romanos continuaron reconstruyendo su flota, incluso después de sufrir tremendas pérdidas a causa de las tormentas y las batallas. El Senado romano movilizó recursos financieros y efectivos, a menudo mediante contribuciones privadas, y demostró un firme compromiso con los objetivos estratégicos de Roma.

Por el contrario, Cartago se enfrentó a varios retos estratégicos y de recursos. La incapacidad de los cartagineses para capitalizar eficazmente su supremacía naval inicial fue un factor crítico. La guerra presionó significativamente las finanzas y los recursos militares cartagineses, lo que los llevó a buscar ayuda, como la de Ptolomeo II de Egipto, sin éxito. La dinámica política interna de Cartago y los retos de mantener el control sobre sus territorios africanos y sicilianos complicaron aún más sus esfuerzos bélicos.

Comandantes notables como Amílcar Barca, por Cartago, y Cayo Lutacio Cátulo, por Roma, desempeñaron papeles significativos en diversas fases de la guerra. Las tácticas de guerrilla de Amílcar en Sicilia fueron notables por su eficacia en una situación en la que Cartago no podía permitirse un gran ejército permanente[ii].

La guerra concluyó con la decisiva batalla de las islas Egadas en 241 a. e. c., en la que la flota romana logró una importante victoria sobre los cartagineses. El posterior Tratado de Lutacio supuso un punto de inflexión en el equilibrio de poder mediterráneo. Cartago evacuó Sicilia, entregó prisioneros y accedió a pagar una importante indemnización, marcando el fin de su dominio en la región. Sicilia se convirtió en la primera provincia de ultramar de Roma, señalando el ascenso de Roma

---

[i] Lynch, P. (201, 5 de mayo). A Brutal and Bloody Affair: 6 Key Battles That Decided the First Punic War. Extraído de Historycollection.com: https://historycollection.com/roman-military-might-6-key-battles-decided-first-punic-war/.

[ii] Cartwright, M. (2016, 26 de mayo). First Punic War. Extraído de Worldhistory.org: https://www.worldhistory.org/First_Punic_War/.

como gran potencia y sentando las bases para una mayor expansión y futuros conflictos.

Segunda guerra púnica (218-201 a. e. c.)

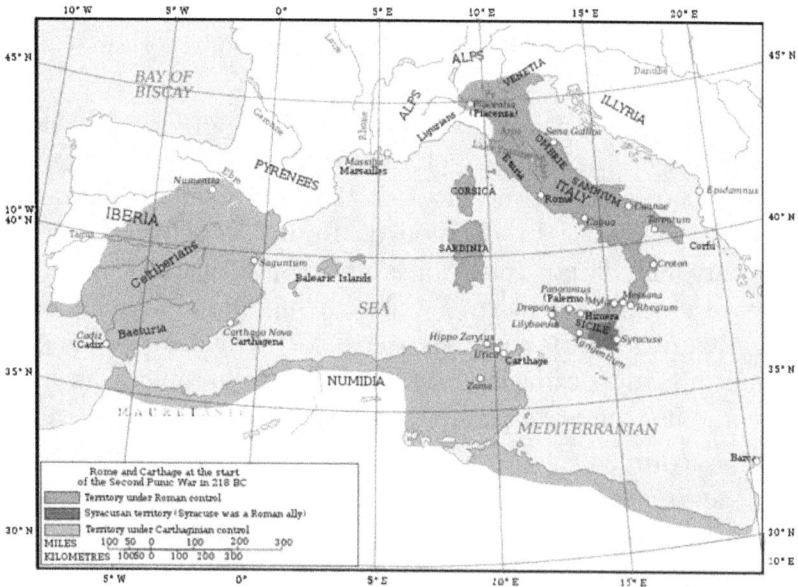

El Mediterráneo occidental en 218 a. e. c.[25]

Una leyenda describe cómo Amílcar Barca hizo jurar a sus hijos venganza contra Roma por la humillante derrota de Cartago en la primera guerra púnica. Tanto si el padre exigió esto a sus hijos como si no, uno de ellos, Aníbal, estuvo a punto de hacer realidad el deseo de su padre en la segunda guerra púnica.

Tras la primera guerra púnica, Roma y Cartago expandieron rápidamente su influencia, sobre todo en el Mediterráneo occidental. Debido a las rutas comerciales, las ciudades y las fuentes de minerales, esta región se convirtió en el nuevo escenario del conflicto entre las dos superpotencias. El resultado de la guerra decidiría la potencia dominante en el Mediterráneo.

La chispa inicial

La guerra fue la culminación de las tensiones y ambiciones estratégicas entre Roma y Cartago. Habiendo sido derrotada y lastrada económicamente por la primera guerra púnica, Cartago buscaba reconstruir su poder. Su atención se centró en España, una región abundante en recursos, que sería crucial para pagar la pesada indemnización a Roma y restaurar la riqueza cartaginesa.

Los Bárcidas, y en particular Aníbal, desempeñaron un papel fundamental en esta expansión. Las motivaciones personales de Aníbal, alimentadas por un deseo de venganza contra Roma, dirigieron a Cartago hacia un camino de confrontación. Aníbal veía el conflicto con Roma no solo como una estrategia política, sino como una cruzada personal y nacionalista.

Roma estaba expandiendo su influencia en el Mediterráneo, especialmente en España. Los intereses romanos en España eran dobles: quería los ricos recursos metálicos de la región y quería contrarrestar la expansión cartaginesa. La decisión de Roma de enfrentarse a Cartago estuvo muy influida por su temor a una posible alianza entre Cartago y los celtas del norte de Italia. Tal alianza suponía una amenaza directa para la seguridad y los intereses romanos. El Senado romano veía la creciente influencia cartaginesa en España y la posible alianza con los celtas como una amenaza inminente a la que había que hacer frente[i].

La causa inmediata de la segunda guerra púnica fue el asedio y captura de Sagunto por parte de Aníbal, una ciudad-estado del este de España aliada de Roma. La importancia estratégica y económica de Sagunto para los planes de Roma en España hizo que su caída fuera intolerable para el Senado romano. Los romanos exigieron a Cartago que entregara a Aníbal por su transgresión. Cartago se negó, lo que condujo a una declaración oficial de guerra[ii].

Un genio militar

Aníbal fue un general cuyo nombre es sinónimo de brillantez militar. Su estrategia era expansiva y ambiciosa. Trató de formar una coalición global contra Roma reuniendo a las fuerzas que temían el creciente dominio de Roma. Al invadir Italia, Aníbal pretendía romper el aura de invencibilidad romana y atraer aliados, incluyendo ciudades-estado griegas y rivales italianos de Roma. Sin embargo, este plan dependía de un factor crítico: conseguir y mantener el control de Italia, que resultó ser el mayor desafío para Aníbal.

---

[i] DailyHistory.org. (2024, 22 de enero). What Were the Causes of the Second Punic War? Extraído de Dailyhistory.org: https://www.dailyhistory.org/What_were_the_causes_of_the_Second_Punic_War.

[ii] Jones, M. (2024, 3 de enero). The Second Punic War (218-201 BC): Hannibal Marches Against Rome. Extraído de Historyooperative.org https://historycooperative.org/second-punic-war-hannibals-war-in-italy/.

Aníbal decidió audazmente no invadir Italia tomando una ruta costera a lo largo del Mediterráneo. En su lugar, hizo marchar a su ejército a través de los Alpes. Su exitosa marcha a través de los pasos alpinos cogió a los romanos por sorpresa. El comandante cartaginés obtuvo importantes victorias sobre ejércitos más numerosos en Ticino, Treba y el lago Trasimeno.

La brillantez táctica de Aníbal era indiscutible, como quedó ejemplificado en la batalla de Cannas. Aquí orquestó una de las victorias militares más notables de la historia, diezmando un vasto ejército romano e infligiendo unas cincuenta mil bajas romanas. A pesar de ello, decidió no marchar directamente sobre Roma después de Cannas. Esta decisión ha sido debatida entre los historiadores durante siglos. Esta elección, considerada como un importante paso en falso, permitió a Roma reagruparse y, en última instancia, cambiar las tornas de la guerra[i].

A pesar de sus primeras victorias, Aníbal se enfrentó a desafíos insuperables en Italia. Su ejército, aunque victorioso en el campo de batalla, carecía de la mano de obra y los recursos necesarios para mantener el control sobre los territorios. La incapacidad para capturar ciudades portuarias clave como Neápolis (Nápoles) y Tarentum (Tarento) obstaculizó seriamente sus esfuerzos. Además, la supremacía naval de Roma significaba que Aníbal no podía recibir refuerzos o suministros adecuados, lo que disminuyó gradualmente su dominio sobre los territorios italianos.

Los romanos se adaptan

Los romanos se dieron cuenta después de Cannas de que una batalla fija con Aníbal era una mala idea y que había que probar nuevas soluciones. Bajo el liderazgo de Fabio Máximo, Roma adoptó la estrategia fabiana, evitando el enfrentamiento directo con Aníbal y centrándose, en cambio, en cortar sus líneas de suministro y aislarlo dentro de Italia. Este enfoque de retraso y desgaste pretendía sacar provecho de la superioridad de los recursos y la mano de obra de Roma. Enfrentándose a los aliados de Aníbal y atacando donde él no estaba presente, Roma empezó a recuperar lentamente el terreno perdido[ii].

---

[i] Cartwright, M. (2016, 29 de mayo). Second Punic War. Extraído de Worldhistory.org: https://www.worldhistory.org/Second_Punic_War/.

[ii] Cartwright, M. (2016, 29 de mayo). Second Punic War. Extraído de Worldhistory.org: https://www.worldhistory.org/Second_Punic_War/.

A medida que avanzaba la guerra, su alcance se amplió más allá de Italia. Bajo líderes como Publio Cornelio Escipión (más tarde conocido como Escipión el Africano), las ofensivas estratégicas de Roma en España debilitaron significativamente la posición de Cartago. Las reformas militares de Escipión y su adopción de las tácticas de Aníbal facilitaron el dominio romano en España. Esta expansión de la guerra y la consiguiente pérdida de territorios españoles fueron perjudiciales para los esfuerzos bélicos de Cartago. El avance de Escipión sobre Cartago hizo que los cartagineses llamaran a Aníbal para defender la patria.

La segunda guerra púnica culminó con las victorias romanas en África, especialmente la batalla de Zama, en la que Escipión derrotó a Aníbal, lo que le valió el nombre de Africano. Esto marcó no solo el final de la guerra, sino también el declive del poder cartaginés y el ascenso de Roma como potencia preeminente en el Mediterráneo. Cartago era un estado vencido, reducido a una sombra de lo que una vez fue.

Tercera guerra púnica (149-146 a. e. c.)

La tercera guerra púnica fue el episodio final de la prolongada lucha entre Roma y Cartago. Tras la derrota de Cartago en las guerras anteriores, se encontró fuertemente limitada. El tratado de paz impuesto por Roma tras la segunda guerra púnica limitó las capacidades militares de Cartago y le impuso una fuerte indemnización. A pesar de estas limitaciones, Cartago empezó a recuperarse económicamente, lo que alarmó a muchos en Roma, que seguían viéndola como una amenaza potencial.

Una figura clave en el preludio de la tercera guerra púnica fue Catón el Viejo, un senador romano conocido por terminar sus discursos en el Senado romano con la advertencia: «¡*Carthago delenda est!*» («¡Cartago debe ser destruida!»). Su preocupación no eran meros desvaríos de un anciano. La recuperación de Cartago amenazaba los intereses comerciales romanos, en particular los de los senadores con inversiones en el norte de África. También existía una arraigada creencia en la superioridad romana y la percepción de Cartago como una civilización que debía ser sometida.

La persistencia de Catón convenció poco a poco a sus pares de que la eliminación de Cartago redundaba en beneficio de Roma.

El inicio de las hostilidades

La causa inmediata de la tercera guerra púnica se remonta a un conflicto entre Cartago y el estado vecino de Numidia, aliado de Roma. La decisión de Cartago de defenderse de las incursiones númidas violó el tratado con Roma, que prohibía a Cartago hacer la guerra sin el consentimiento romano. Esto proporcionó a Roma el pretexto para declarar la guerra.

Anticipando una victoria fácil, los romanos se encontraron con la firme resistencia de los cartagineses. El prolongado asedio de Cartago, dirigido por el comandante romano Escipión Emiliano, acabó por cortar el acceso de Cartago a suministros y refuerzos. Los romanos construyeron un bloqueo, sellando efectivamente el destino de la ciudad.

A medida que el asedio se estrechaba, la situación en Cartago se volvía desesperada. En el año 146 a. e. c., los romanos lanzaron un asalto final. Rompieron sistemáticamente las defensas de la ciudad y, tras intensos combates callejeros, capturaron y destruyeron Cartago. La ciudad fue arrasada, su población esclavizada y se dijo que una maldición caería sobre cualquiera que intentara repoblar la zona. La caída de Cartago marcó el final de las guerras púnicas y solidificó el dominio romano en el Mediterráneo occidental[i].

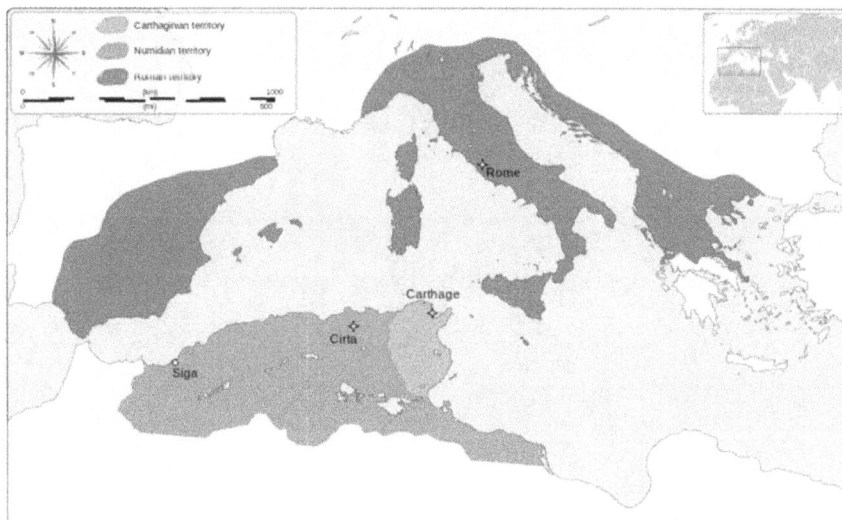

El Mediterráneo occidental en el 150 a. e. c.[26]

---

[i] Cartwright, M. (2016, 31 de mayo). Third Punic War. Extraído de Worldhistory.org: https://www.worldhistory.org/Third_Punic_War/.

Cartago volvería a levantarse, esta vez como ciudad provincial romana. Sin embargo, la cultura púnica, aunque denostada por los escritores romanos, mostró una notable resistencia, continuando su influencia en la región mucho después de la caída de Cartago. Este imperio comercial tuvo un éxito notable durante siglos y mostró una capacidad única para reagruparse y florecer tras una gran derrota.

En resumen

La tercera guerra púnica, con su dramático asedio y la destrucción final de Cartago, constituye un testimonio de la brutalidad del mundo antiguo y de hasta dónde llegaban los Estados para eliminar a sus rivales. La guerra no fue solo un conflicto militar, sino también la culminación de rivalidades económicas, políticas e ideológicas que habían estado latentes durante más de un siglo. La implacable defensa de la guerra por parte de Catón el Viejo subraya la profundidad de la animadversión romana hacia Cartago.

El legado del conflicto es complejo, marcando el cenit del poder romano en el Mediterráneo y un trágico final para una civilización antaño grandiosa. Esta guerra sirve como punto de estudio crucial para comprender la dinámica del poder, la rivalidad y el imperialismo en el mundo antiguo.

Capítulo 9: Imperio de Ghana

África Occidental contaba con el Imperio de Malí y el Imperio songhai, pero estos se desarrollaron después del año 1000 de nuestra era. Hubo uno, sin embargo, anterior al milenio, y fue el Imperio de Ghana. A menudo se lo conoce como Wagadu. Floreció entre los siglos VI y XIII de nuestra era y ocupó lo que hoy es el sureste de Mauritania y el oeste de Malí; no formaba parte de lo que es la Ghana moderna.

La historia del Imperio de Ghana es rica y compleja, caracterizándose por su posición estratégica como centro neurálgico de las rutas comerciales transaharianas. Sus orígenes, profundamente arraigados en la época altomedieval, siguen siendo algo enigmáticos con diversas interpretaciones históricas.

El Imperio de Ghana en su máxima extensión[27]

Monarquía y aristocracia

La monarquía del Imperio de Ghana está rodeada de misterio y sus orígenes son objeto de debate entre los historiadores. La primera mención identificable de la dinastía imperial fue hecha en 830 por Muhammad ibn Mūsā al-Khwārizmī, con más detalles proporcionados en el siglo XI por el erudito cordobés al-Bakri.

Los relatos históricos, como los del escritor del siglo XI al-Idrisi y el del siglo XIII ibn Said, sugieren que los gobernantes de Ghana descendían de figuras notables, incluido el clan del profeta Mahoma. El rey, a menudo llamado «Ghana», título que significa «rey guerrero», no era solo un líder político. También desempeñaba un papel religioso y cultural. Había normas sobre cómo comportarse en su presencia, y estas debían ser obedecidas. Las pautas de comportamiento sugieren un alto nivel de ritual en torno a la monarquía. El rey tenía una autoridad considerable sobre un bien precioso, ya que poseía el derecho exclusivo a poseer pepitas de oro. Los mercaderes se limitaban al polvo de oro. Esta política garantizaba que el rey pudiera regular el mercado del oro y mantener su valor.

Los reyes de Ghana dependían en gran medida de los consejeros de la aristocracia. La clase dirigente mantenía una vida en la corte lujosa y ceremoniosa. El rey se engalanaba con oro y se sentaba ante el pueblo con un alto birrete decorado con oro, rodeado de pajes que portaban escudos y espadas decorados con oro y flanqueado por los hijos de los reyes vasallos con espléndidas vestimentas[i].

La economía del Imperio de Ghana

El Imperio de Ghana comerciaba ampliamente con sus vecinos y mercados lejanos. La capital del imperio, Kumbi Saleh, era un centro comercial con un distrito de negocios habitado por mercaderes bereberes y árabes[ii].

Había varias mercancías comerciales destacadas que el imperio tenía listas para el mercado.

---

[i] Cartwright, M. (2019, 5 de marzo). Ghana Empire. Extraído de World History Encyclopedia: https://www.worldhistory.org/Ghana_Empire/.

[ii] New World Encyclopedia. (2024, 27 de enero). Ghana Empire. Extraído de New World Encyclopedia: https://www.newworldencyclopedia.org/entry/Ghana_Empire.

- ## Oro

El principal producto comercializado en el Imperio de Ghana era el oro. En las regiones meridionales del imperio abundaban las minas de oro, por lo que este era un componente esencial de la riqueza de Ghana. Como ya se ha mencionado, los reyes de Ghana mantenían un estricto control sobre la producción y el comercio del oro.

- ## Sal

La sal, procedente principalmente del Sáhara, era igualmente vital para la economía del imperio. La sal no solo era un bien preciado por su necesidad dietética, sino también porque era indispensable para conservar los alimentos en el clima cálido de África.

- ## Esclavos

El Imperio de Ghana participó en el comercio de esclavos, intercambiándolos por mercancías con comerciantes árabes y bereberes. Este aspecto del intercambio comercial formaba parte integrante de las estructuras socioeconómicas de la región en aquella época.

El imperio comerciaba con otras mercancías, como pieles, marfil, plumas de avestruz y caballos. A cambio, importaban del Mediterráneo articulos como tejidos, abalorios, cobre y productos manufacturados[i].

Comercio transahariano

La economía del Imperio ghanés estaba predominantemente anclada en las lucrativas rutas comerciales transaharianas. Esta red comercial, potenciada por la introducción de los camellos en el desierto del Sáhara en el siglo III e. c., transformó las esporádicas rutas comerciales anteriores en una red más estructurada que iba desde Marruecos hasta el río Níger. En el siglo VII e. c., el camello había revolucionado el comercio a través del Sáhara, facilitando el transporte de mercancías a través de vastas extensiones desérticas.

Los reyes de Ghana desempeñaron un papel fundamental en el control de las rutas comerciales que atravesaban el imperio. Imponían impuestos a las mercancías que entraban y salían del imperio, lo que

---

[i] Cartwright, M. (2019, 5 de marzo). Ghana Empire. Extraído de World History Encyclopedia: https://www.worldhistory.org/Ghana_Empire/.

constituía una importante fuente de ingresos, contribuyendo a la prosperidad del reino. La situación estratégica del imperio, enclavado entre yacimientos de oro al sur y minas de sal al norte, le permitía actuar como centro comercial donde se intercambiaban estas valiosas mercancías.

El sistema impositivo del Imperio de Ghana era único e innovador para su época. En lugar de dinero, el rey imponía a los importadores y exportadores una tasa porcentual que se pagaba con sus mercancías comerciales. En consecuencia, una determinada mercancía comercial era a menudo gravada dos veces, una a la entrada y otra a la salida del imperio[i]. Además, Ghana recibía ingresos de los estados tributarios circundantes. El sistema de impuestos y tributos engrosaba las arcas del tesoro y ayudaba al imperio a controlar el comercio de mercancías como la sal y el oro.

La situación de Ghana en el valle superior del río Níger le permitía tener acceso a las principales rutas comerciales. El comercio de oro, sal y esclavos atravesaba el imperio por dos rutas muy importantes:

- La ruta comercial que conectaba la capital del Imperio de Ghana, Kumbi Saleh, con ciudades como Audagost (Awdaghust) y Sijilmasa.

- La ruta hacia las zonas productoras de mineral de hierro y oro del sur, en particular las regiones de Bambuk y Bure, que se extendían hasta el corazón del imperio[ii].

La riqueza generada por el comercio condujo a un importante desarrollo urbano dentro del imperio. Kumbi Saleh surgió como un importante centro comercial, con numerosas mezquitas y una vibrante mezcla de diferentes culturas. Esta prosperidad económica facilitó aún más el desarrollo de otros centros urbanos en todo el imperio[iii].

---

[i] Cartwright, M. (2019, 5 de marzo). Ghana Empire. Extraído de World History Encyclopedia: https://www.worldhistory.org/Ghana_Empire/.

[ii] Cartwright, M. (2019, 13 de mayo). The Gold Trade of Ancient & Medieval West Africa. Extraído de Worldhistory.org: https://www.worldhistory.org/article/1383/the-gold-trade-of-ancient--medieval-west-africa/.

[iii] LibreTextos. (2024, 27 de enero). 12.6 The Ghana Empire. Extraído de LibreTexts.org: https://human.libretexts.org/Courses/Lumen_Learning/Book%3A_Early_World_Civilizations_(Lumen)/Ch._11_African_Civilizations/12.6%3A_The_Ghana_Empire#:~:text=Ghana%E2%80%99s%20economic%20development%20and%20eventual%20wealth%20was%20linked,expansion

El islam en el Imperio de Ghana

Hubo una importación cultural muy importante procedente de las rutas comerciales transaharianas: El islam. Los mercaderes y comerciantes musulmanes introdujeron la religión en el Imperio de Ghana en el siglo VIII e. c., aunque no se convirtió en una religión prominente hasta más tarde. El comercio permitió que el islam se desarrollara y prosperara, aunque la monarquía conservó sus vínculos con las costumbres religiosas más antiguas.

El rey contaba con asesores y funcionarios para gestionar la economía y supervisar las actividades comerciales. Esto incluía a mercaderes musulmanes que actuaban como intérpretes y funcionarios, lo que significaba la complejidad económica del imperio y su integración en el mundo islámico más amplio.

Numerosos escribas y ministros de la burocracia eran musulmanes, lo que les permitió desempeñar un papel esencial en el funcionamiento diario del imperio. El islam trajo consigo la lengua árabe, las enseñanzas islámicas y los conocimientos científicos. Las ciudades se beneficiaron culturalmente de la afluencia de aprendizaje que llegó con los mercaderes musulmanes[i].

La prosperidad económica del Imperio de Ghana también se vio favorecida por su asociación con los comerciantes musulmanes. Estos, en particular los bereberes sanhaya, eran fundamentales en la red comercial transahariana, ya que facilitaban el intercambio de oro de África Occidental por sal y otras mercancías del norte de África[ii].

Los reyes de Ghana, aunque se adherían predominantemente a las creencias religiosas tradicionales, demostraron una notable tolerancia hacia el islam, lo que permitió una relación simbiótica entre ambas culturas. Este enfoque de la tolerancia subraya la naturaleza pragmática de los gobernantes de Ghana, que trataron de aprovechar los conocimientos administrativos e intelectuales de los musulmanes para

---

%20to%20.

[i] Encyclopedia.com. (2024, 27 de enero). Empire of Ghana. Extraído de Encyclopedia.com: https://www.encyclopedia.com/history/encyclopedias-almanacs-transcripts-and-maps/empire-ghana.

[ii] Lane, M. (2024, 21 de enero). How Did Muslims and Non-Muslims Interact in Ghana. Extraído de Ncesc.com: https://www.ncesc.com/geographic-faq/how-did-muslims-and-non-muslims-interact-in-ghana/.

mejorar la gobernanza. Su comprensión y respeto por otra religión demuestran cómo las culturas y las religiones pueden interactuar en beneficio mutuo y mejorar la estabilidad y la prosperidad de una nación.

La caída del Imperio

A pesar de una gran prosperidad económica y de una sociedad tolerante, el Imperio de Ghana acabó derrumbándose. No fue a causa de una sola catástrofe; una serie de desastres azotaron Ghana. La clase dirigente fue incapaz de aportar soluciones que hubieran podido salvar esta civilización.

Estas fueron las principales razones de la desaparición de Ghana:

- Invasiones externas y guerras

Lamentablemente, el islam trajo desafíos junto con beneficios. En 1076, los almorávides, una dinastía musulmana bereber procedente del Sáhara, invadieron y derrotaron al ejército ghanés. Esta derrota debilitó la fuerza militar del imperio y aceleró la propagación del islam, exacerbando aún más las tensiones religiosas internas. A continuación, el reino de Susu atacó en 1203, erosionando la autoridad militar y económica de Ghana en la región. Estas derrotas militares fueron cruciales para disminuir la capacidad del imperio de controlar sus territorios y mantener su dominio económico.

El colapso final del Imperio de Ghana puede atribuirse al auge del Imperio de Malí, que poco a poco fue adquiriendo mayor protagonismo en la región. En 1240, el emperador de Malí, Sundiata, conquistó lo que quedaba del Imperio de Ghana y lo incorporó al Imperio de Malí. Esto marcó el fin de Ghana como entidad política y el ascenso de una nueva potencia regional.

- Cambios económicos

Ghana dependía en gran medida del comercio y de los impuestos derivados del comercio transahariano. Se desarrollaron nuevas rutas que sorteaban Ghana. Además, el entorno natural se convirtió en un desafío.

- Cambios climáticos

En el siglo XII se produjeron cambios climáticos significativos y la región se volvió gradualmente más seca. Esta prolongada sequía afectó a la producción agrícola, minando la capacidad del imperio para sostenerse a sí mismo y a su población. El declive agrícola tendría un efecto dominó en la economía, desestabilizando aún más el ya debilitado imperio[i].

- Disensiones en las fronteras

Otros factores internos fueron la inestabilidad política y el malestar social. El imperio se enfrentaba a conflictos internos y a una creciente insatisfacción con el gobierno central. Entre los Estados miembros existía un deseo de independencia o de alineación con otras potencias emergentes, como Mali.

Además, el imperio se enfrentó al conflicto inherente entre las creencias tradicionales y la creciente influencia del islam. Estas tensiones religiosas y culturales debilitaron la cohesión social y política del imperio.

Los últimos golpes los infligió Sundiata a un Estado imperial cuya estructura se tambaleaba y cuyos cimientos se habían debilitado gravemente. El imperio ya no era capaz de resistir. Lo que quedaba del imperio fue incorporado al Imperio de Malí. Ghana dejó de ser una entidad política y la nueva autoridad de la región se hizo cada vez más poderosa[ii].

En resumen

El Imperio de Ghana es una saga notable en la historia de África Occidental, que muestra cómo el control sobre rutas comerciales estratégicas y recursos con gran demanda de consumo puede sostener un Estado poderoso. La sofisticada economía y el sistema fiscal del imperio facilitaron su ascenso al poder y la prosperidad, al tiempo que conectaban África Occidental con el resto del mundo medieval. El declive de Ghana marcó el final de un imperio asombroso situado en las arenas del desierto.

Este análisis de Ghana pretende recordar al lector que la costa septentrional de África y el valle del Nilo no fueron los únicos lugares donde floreció la civilización en el continente.

---

[i] Cartwright, M. (2019, 5 de marzo). Ghana Empire. Extraído de World History Encyclopedia: https://www.worldhistory.org/Ghana_Empire/.

[ii] Soto, N. (2024, 16 de enero). Who Destroyed the Ghana Empire. Extraído de Ncesc.com: https://www.ncesc.com/geographic-faq/who-destroyed-the-ghana-empire/.

Capítulo 10: La esclavitud en el África antigua

Una historia honesta de África debe mencionar la esclavitud. La esclavitud ha asolado el continente durante siglos y dio lugar al comercio transahariano de esclavos y al posterior comercio transatlántico de esclavos.

La historia de la esclavitud en el África antigua es compleja, pues fue moldeada por las culturas y prácticas de diversas civilizaciones africanas. Las formas de esclavitud incluían la servidumbre por deudas, la esclavitud militar, la esclavitud de cautivos de guerra y la servidumbre doméstica.

- Esclavitud por deudas

    Las personas que no podían pagar sus deudas eran obligadas a someterse a la servidumbre. A diferencia de otras formas de esclavitud, la esclavitud por deudas se consideraba a menudo una solución temporal y más humana para los deudores. La esclavitud por deudas era común en África Occidental entre las culturas Yoruba, Ga, Ewe y Edo. También era común en el antiguo Egipto.

- Esclavitud militar

    La esclavitud militar implicaba el reclutamiento y la utilización de individuos esclavizados como soldados. Esta práctica era prominente en ciertos Estados africanos, donde los soldados esclavizados formaban parte integrante de la fuerza militar. Estos individuos podían ascender a rangos importantes y a menudo ostentaban un poder considerable. En el antiguo Egipto, los esclavos eran utilizados como soldados y guardias. Un ejemplo posterior serían los mamelucos, que acabaron derrocando a la dinastía ayubí y se convirtieron en los gobernantes de Egipto[1].

- Esclavización de cautivos de guerra

La captura y esclavización de prisioneros de guerra era una práctica muy extendida en el África antigua. Esta forma de esclavitud era el resultado de los conflictos militares y las incursiones, y tanto Cartago como Egipto utilizaban a los prisioneros de guerra como mano de obra forzada. El comercio de esclavos en África Occidental fomentó el uso de incursiones y guerras para reunir un suministro de prisioneros para su venta.

La esclavitud en el Antiguo Egipto

Una fuente importante de personas esclavizadas en el antiguo Egipto eran los prisioneros capturados en las tierras conquistadas durante las expediciones militares. Los vencedores a menudo llevaban a los cautivos de vuelta a Egipto para servir como esclavos. Los criminales y los condenados eran a veces sentenciados a la esclavitud como forma de castigo, y los individuos podían convertirse en esclavos debido a deudas que no podían pagar.

Los humanos eran una mercancía comercial y los egipcios intercambiaban artículos de lujo por humanos capturados. Los esclavos también podían adquirirse como regalos o tributos.

La esclavitud era hereditaria en el antiguo Egipto, lo que significa que los hijos nacidos de individuos esclavizados también serían considerados esclavos.

La vida de un esclavo en Egipto

Los esclavos del antiguo Egipto realizaban diversas tareas en función del papel que se les asignaba. Trabajaban en la agricultura, cuidando los campos y el ganado, y en la construcción. Aunque es probable que los esclavos participaran en algunos proyectos de construcción, los investigadores actuales no creen que trabajaran en estructuras

---

[1] Britannica, E. o. (2023, 30 de noviembre). Mamluk. Extraído de Britannica.com: https://www.britannica.com/topic/Mamluk.

monumentales como las pirámides dadas las pruebas de la existencia de viviendas organizadas, una dieta regular, el acceso a la atención médica y otras necesidades.

Las condiciones de vida de los esclavos variaban dependiendo de sus funciones y del estatus social de sus dueños. Por supuesto, las condiciones de trabajo podían ser duras, pero los esclavos tenían ciertos derechos legales y podían poseer propiedades[i]. Cartago permitía a los esclavos dirigir negocios para sus amos.

La esclavitud en los reinos de Kerma y Punt

Un reto importante a la hora de analizar la esclavitud en las culturas de Kerma y Punt es la falta de registros. Tenemos que esperar a que la arqueología descubra información sobre la práctica del trabajo forzado en estas civilizaciones. Sabemos que Egipto ejerció una influencia significativa en la región. Es posible que la esclavitud se llevara a cabo con costumbres que emulaban las del país de los faraones.

La esclavitud en Cartago

En Cartago, la esclavitud tuvo profundas repercusiones socioeconómicas. Facilitó proyectos agrícolas y arquitectónicos a gran escala, reforzó las campañas militares y fue una piedra angular en las relaciones comerciales.

La esclavitud era fundamental en la economía cartaginesa, algo que reflejaba las prácticas de muchas otras civilizaciones antiguas. Los esclavizados eran principalmente los pueblos conquistados y los comprados en los mercados de esclavos. La integración de los esclavizados en la sociedad cartaginesa reflejaba las numerosas conquistas militares de la ciudad y su participación activa en el comercio regional, incluido el tráfico de esclavos[ii].

Los esclavos eran empleados en diversas profesiones. Podían ser servicios domésticos o mano de obra capacitada en la agricultura, la artesanía y el comercio marítimo. Incluso se utilizaron esclavos en la armada cartaginesa durante las guerras púnicas. Los talleres más grandes de Cartago, que producían toda una gama de bienes, desde cerámica

[i] Historyrise.com. (2023, 24 de diciembre). Facts About Ancient Egypt Slaves: Historical Insights! Extraído de Historyrise.com: https://historyrise.com/facts-about-ancient-egypt-slaves/.

[ii] LibreTextos. (2024, 22 de enero). 4.2 Ancient Carthage. Extraído de Libretexts.org: https://human.libretexts.org/Courses/Lumen_Learning/Book%3A_Early_World_Civilizations_(Lumen)/Ch._03_Early_Civilizations_of_Africa_and_the_Andes/04.2%3A_Ancient_Carthage.

hasta metalistería, empleaban tanto a ciudadanos como a esclavos. La presencia de esclavos en estos talleres pone de relieve su papel integral en la economía cartaginesa.

La estructura económica de Cartago dependía en gran medida de la mano de obra esclava. Los esclavos desempeñaron un papel crucial en el sector manufacturero de la ciudad, incluyendo la producción textil, cerámica y metalistería. En la agricultura, la mano de obra esclava fue decisiva para mantener la producción agrícola de Cartago. Los esclavos eran una parte esencial de la mano de obra. El trabajo de los esclavos permitió a los terratenientes cartagineses maximizar la producción agrícola, contribuyendo a la prosperidad económica general de la ciudad.

El estatus de las personas esclavizadas

La relación entre los esclavos y sus propietarios en Cartago no era uniformemente opresiva. En algunas situaciones, se permitía a los esclavos dirigir negocios para sus amos con cierto grado de autonomía. Esto implica que, aunque los esclavos no eran libres, podían dedicarse a actividades económicas de forma independiente. Algunos esclavos pudieron incluso acumular riqueza personal, aunque probablemente bajo la supervisión de sus amos.

A pesar de las revueltas de esclavos en el siglo IV a. e. c., existen pocas pruebas de un malestar extendido o continuo entre la población esclava de Cartago. Esta falta de disturbios significativos podría atribuirse a diversos factores, entre ellos la posibilidad de obtener la libertad o un trato mejor que otras sociedades esclavistas contemporáneas[i].

La esclavitud en Axum

La esclavitud era parte integrante de la vida social y económica de Axum, como lo era en muchas sociedades antiguas. Los esclavos procedían principalmente de los grupos nilóticos del interior meridional de Etiopía y del pueblo oromo. Los cautivos de guerra constituían otra fuente considerable de esclavos. Estos individuos fueron asimilados a diversos roles sociales, sirviendo como concubinas, guardaespaldas, sirvientes y tesoreros. A pesar de la escasez de registros detallados, está claro que la esclavitud estaba profundamente arraigada en el tejido social de Axum.

---

[i] Cartwright, M. (2016, 16 de junio). Carthaginian Society. Recuperado de Worldhistory.org: https://www.worldhistory.org/article/908/carthaginian-society/.

El puerto de Adulis fue un renombrado centro para el comercio de esclavos, conectando al imperio con un mercado global de esclavos durante muchos siglos. La participación en tales redes comerciales sugiere que el comercio exterior influía en la oferta y la demanda de personas esclavizadas, tanto como las necesidades internas.

Axum tenía una sociedad feudal, en la que la propiedad de la tierra y la agricultura desempeñaban papeles fundamentales. Los esclavos eran fundamentales en este sistema, pues trabajaban la tierra junto a los campesinos libres. La dependencia del imperio de la agricultura para su economía, cuyos principales cultivos eran cereales como el trigo y la cebada, requería una mano de obra que incluía esclavos.

Axum se convirtió al cristianismo en el siglo IV EC. Es plausible que la moral y la ética cristianas influyeran en el trato a los esclavos, pero las pruebas concretas son limitadas[i].

La antigua visión africana de la esclavitud

Conocemos la trata de esclavos en África por los registros históricos, pero muchos relatos datan de después del año 1000 de nuestra era. Imperios posteriores de África Occidental, como el Imperio de Ghana, estuvieron profundamente implicados en el comercio transahariano de esclavos, y reinos posteriores participaron activamente en el comercio transatlántico de esclavos. Sin embargo, las raíces de la esclavitud se remontan a siglos antes del Imperio de Malí o de la llegada de los europeos. Conviene investigar los primeros tiempos.

La singularidad de la esclavitud africana residía en su integración con las estructuras de parentesco y sociales. A diferencia de la esclavitud en América, la esclavitud africana implicaba a menudo relaciones complejas con ciertos derechos y libertades para los esclavizados. El grado de indulgencia y la naturaleza del trato variaban, influidos con frecuencia por el origen del esclavo y por si había nacido esclavo o había sido adquirido mediante compra o guerra.

Las sociedades africanas utilizaron la esclavitud como medio para aumentar la influencia personal y las conexiones sociales, sobre todo en regiones donde la propiedad de la tierra no era un concepto. Esta práctica afianzó a los esclavos dentro del linaje del amo, permitiendo ocasionalmente a sus descendientes ascender a posiciones sociales

---

[i] Nueva Enciclopedia Mundial. (2024, 25 de enero). Aksumite Empire. Extraído de NewWorldEncuclopedia.org: https://www.newworldencyclopedia.org/entry/Aksumite_Empire.

significativas, incluso a la jefatura. Sin embargo, esta integración no borró el estigma inherente, y a menudo se mantuvieron claras distinciones entre los esclavizados y los parientes consanguíneos del amo.

La oposición moral a la esclavitud era matizada. Las formas autóctonas de esclavitud, que a menudo eran menos severas que la esclavitud en régimen de servidumbre establecida más tarde en América, no siempre suscitaban el mismo nivel de indignación moral. En algunas sociedades africanas, la esclavitud se justificaba a través de creencias culturales y religiosas. La esclavitud de los cautivos de guerra, por ejemplo, se consideraba a menudo una consecuencia natural del conflicto. Además, la integración de los esclavos en el linaje del amo en algunas culturas proporcionaba una forma de movilidad social, aunque limitada, difuminando las líneas entre la pura explotación y la integración social.

Aunque no hubo una oposición moral ampliamente extendida a la esclavitud similar a la de los movimientos abolicionistas posteriores, las sociedades africanas mostraron una serie de actitudes hacia la esclavitud, desde la aceptación como norma social hasta formas de resistencia y adaptación en respuesta a los cambios internos y externos.

<u>En resumen</u>

La esclavitud en el África antigua no era un monolito, sino más bien un espectro de prácticas influidas por factores culturales, económicos y medioambientales. Cada civilización, desde Egipto, Cartago y Punt hasta Kerma y Kush, tenía sus propias formas de esclavitud, moldeadas por sus circunstancias únicas y sus interacciones con las regiones vecinas. La comprensión de estos matices proporciona una valiosa visión del complejo relato de la historia de la antigua África.

Conclusión

«Llevad la carga del Hombre Blanco
enviad adelante a los mejores de entre vosotros;
vamos, atad a vuestros hijos al exilio
para servir a las necesidades de vuestros cautivos;
para servir, con equipo de combate,
a naciones tumultuosas y salvajes;
vuestros recién conquistados y descontentos pueblos,
mitad demonios y mitad niños.
Llevad la carga del Hombre Blanco,
con paciencia para sufrir,
para ocultar la amenaza del terror
y poner a prueba el orgullo que se ostenta;
Por medio de un discurso abierto y simple,
cien veces purificado,
buscar la ganancia de otros
y trabajar en provecho de otros.
Llevad la carga del Hombre Blanco,
y cosechad su vieja recompensa
la reprobación de vuestros superiores
el odio de aquellos que protegéis,

el llanto de las huestes que conducís

(¡tan laboriosamente!) hacia la luz:

Oh amada noche egipcia,

¿por qué nos librasteis de la esclavitud?»

La carga del hombre blanco de Rudyard Kipling[i].

Europa se repartió África a finales del siglo XIX, justificando un acaparamiento de tierras descarado al insistir en que el continente necesitaba el regalo de la civilización que solo ella, Europa, podía otorgar. África se encontraba en un momento de debilidad y sus naciones no podían combatir adecuadamente el poderío tecnológico y financiero de Gran Bretaña, Francia, Alemania, Italia y Bélgica. Los africanos pasarían a formar parte de imperios cuyos pueblos tenían un aspecto diferente y hablaban lenguas extrañas.

La arrogancia y condescendencia de estos nuevos amos era palpable. Al principio, los europeos ignoraron las ruinas de las antiguas dinastías imperiales y supusieron que las poblaciones nativas eran tribus primitivas o fanáticos religiosos. Los escritores especularon con que los portugueses o los chinos habían construido el Gran Zimbabue, una ciudad de Zimbabue que se cree que sirvió de capital durante la Edad de Hierro. Tales nociones proceden de observaciones sesgadas según las cuales la población local era incapaz de un discurso académico o de construir enormes estructuras de piedra. Tendrían que pasar años de excavaciones arqueológicas antes de que esas ideas fueran descartadas como falsas[ii].

La antigua África era algo más que selva y salvajes semidesnudos. La hegemonía europea no pudo ocultar las aportaciones del continente a la humanidad a lo largo de los siglos.

Metalurgia y química

La Edad de los Metales subraya las inestimables contribuciones de África a la metalurgia y la química. La hábil manipulación de los metales por parte de los egipcios y el posterior pueblo Edo, ejemplificada en

---

[i] Kipling, Rudyard (1899). The White Man's Burden. https://historymatters.gmu.edu/d/5478/.

[ii] Koutonin, M. (2016, 18 de agosto). Lost Cities: Racism and Ruins—The Plundering of Great Zimbabwe. Extraído de Theguardian.com: https://www.theguardian.com/cities/2016/aug/18/great-zimbabwe-medieval-lost-city-racism-ruins-plundering.

artefactos como los bronces de Benín, muestra técnicas avanzadas en el trabajo del metal. Además, la antigua práctica de la alquimia en Egipto, que influyó significativamente en griegos y asiáticos, es precursora de la química moderna. Estos conocimientos tempranos de química y metalurgia, vitales para el progreso humano, subrayan el papel de África en el avance del conocimiento científico.

Astronomía

Las civilizaciones africanas realizaron avances pioneros en astronomía. Los habitantes de Nabta Playa crearon uno de los primeros observatorios astronómicos del mundo, anterior a Stonehenge. Su calendario rupestre constituyó una importante innovación para el seguimiento de los movimientos celestes y, según se dice, es más antiguo que Stonehenge. Además, el pueblo dogón de Malí era conocido por su conocimiento detallado de los fenómenos astronómicos, en particular del sistema estelar de Sirio. Estos logros en astronomía no solo ponen de relieve la destreza científica de África, sino también su contribución a nuestro conocimiento del cosmos[i].

Los egipcios integraron la astronomía en su cultura, siendo el mejor ejemplo la Gran Pirámide de Guiza. La pirámide estaba alineada con los cuerpos celestes. Sus ductos de ventilación, que apuntan hacia estrellas como Sirio y la constelación de Orión, subrayan la importancia de estos cuerpos celestes en la mitología y las prácticas religiosas egipcias. Además, las alineaciones se utilizaban para marcar las épocas del año para la siembra y la cosecha[ii].

Educación

La Biblioteca de Alejandría salta inmediatamente a la mente cuando se piensa en el avance del conocimiento. Sin embargo, no fue la única biblioteca africana; Alejandría fue solo uno de los muchos centros intelectuales del continente. La ciudad de Tombuctú, parte del posterior Imperio de Malí, se convirtió en un importante centro de aprendizaje islámico. Tombuctú contaba con la Universidad de Sankore, la mezquita de Sidi Yahya y la mezquita de Djinguereber. Otro centro académico del África antigua fue la iglesia imperial aksumita. Esto demuestra que la

---

[i] Afrikaiswoke.com. (2023, 15 de septiembre). 10 African Contributions to Civilization. Extraído de Afrikaiswoke.com: https://www.afrikaiswoke.com/african-contributions-to-civilization/.

[ii] Shuttleworth, M. (2024, 28 de enero). Egyptian Astronomy. Extraído de Explorable.com: https://explorable.com/egyptian-astronomy.

noción colonial de que África era un continente analfabeto es falsa.

Matemáticas

Las prácticas matemáticas de la antigua África han contribuido significativamente a la comprensión global de esta ciencia. Un ejemplo asombroso del uso de las matemáticas en el África premoderna es el hueso de Lebombo. Este peroné de babuino, descubierto en las montañas Lebombo del sur de África y tallado en tiempos prehistóricos, tiene veintinueve muescas hechas deliberadamente que posiblemente representen un antiguo contador de fases lunares.

La tribu yoruba de Nigeria desarrolló un sistema de numeración, un sistema de base 20 que integraba la resta para la expresión numérica y era operativo hasta doscientos. Este sistema demostraba un razonamiento matemático abstracto adaptado a las necesidades de la tribu[i].

Solemos pensar en Mesopotamia y la India en lo que respecta a los números, pero Egipto dejó un legado matemático que hizo avanzar significativamente el estudio de las matemáticas. Un sistema decimal no posicional caracterizaba las matemáticas del antiguo Egipto. Sus numerales, representados por jeroglíficos distintos para cada potencia de diez hasta un millón, eran eficaces para sus necesidades y revelaban una temprana abstracción de los conceptos cuantitativos.

El papiro matemático Rhind proporciona pruebas de la naturaleza práctica de las matemáticas egipcias. Junto con otros pergaminos, los textos consideran problemas de medición de tierras, construcción y distribución de recursos.

Los egipcios mostraron una comprensión avanzada del álgebra y utilizaron sus métodos para resolver ecuaciones lineales y progresiones aritméticas. Sus técnicas de resolución de problemas, incluido el método de la falsa posición, muestran una capacidad para abordar los problemas matemáticos de forma sistemática, mostrando un pensamiento matemático avanzado. Comprendieron en profundidad la geometría, calculando áreas y volúmenes y aplicando estos cálculos a problemas del mundo real[ii].

[i] Anplifyafrica.org. (2024, 28 de enero). Africa Made Math: The Original Mathematicians. Extraído de Anplifyafrica.org: https://www.amplifyafrica.org/africa-made-math-the-original-mathematicians/.

[ii] Historyrise.com. (2023, 25 de diciembre). What Advancements Did Ancient Egypt Make in

Medicina

La medicina en África va más allá de los cantos de los chamanes y las plantas. Las antiguas civilizaciones africanas fueron pioneras en el campo de la medicina. Mezclaban conocimientos empíricos y prácticas tradicionales para promover la salud y la curación.

Entre los procedimientos que se realizaban en la antigua África antes de que se conocieran en Europa se incluyen las inoculaciones, la momificación, la tracción de miembros, los ajustes óseos, las cirugías cerebrales, los injertos de piel, el relleno de cavidades dentales, la instalación de dentaduras postizas, la anestesia y la cauterización de tejidos. Las culturas africanas también realizaban cirugías en condiciones antisépticas.

Las antiguas sociedades africanas empleaban muchos procedimientos médicos que se utilizan hoy en día. Utilizaban plantas con ácido salicílico para el dolor, caolín para la diarrea y extractos para matar las bacterias grampositivas. Algunas plantas tenían propiedades anticancerígenas, podían inducir el aborto o se utilizaban para tratar la malaria. Los africanos descubrieron compuestos como la ouabaína, el capsicum, la fisostigmina y la reserpina, que tenían importantes aplicaciones médicas[i].

Arquitectura e ingeniería

Las proezas arquitectónicas y de ingeniería de las antiguas civilizaciones africanas son un testimonio de su sofisticación. Desde las altísimas pirámides y obeliscos de Egipto hasta los grandiosos complejos de piedra de Zimbabue y Mozambique, las sociedades africanas demostraron sus avanzados conocimientos de construcción y planificación urbana. Las estructuras de piedra del Gran Zimbabue son un testimonio del ingenio y la habilidad de sus constructores. El posterior Imperio de Malí, en particular su renombrada ciudad de Tombuctú, presumía de impresionantes estructuras arquitectónicas, incluidos grandes palacios, mezquitas y universidades. Estas estructuras no solo eran maravillas de la ingeniería, sino también centros de intercambio cultural e intelectual[ii].

Math and Science. Extraído de Historyrise.com: https://historyrise.com/advancements-in-ancient-egyptian-math-science/.

[i] Blatch, S. (2013, 1 de febrero). Great Achievements in Science and Technology in Ancient Africa. Extraído de Asbmb.org: https://www.asbmb.org/asbmb-today/science/020113/great-achievements-in-stem-in-ancient-africa.

[ii] Exponent, E. (2023, 14 de noviembre). Ancient Africa's Contributions to Modern Science and

Otros estudios

Lo que ahora sabemos sobre África antes de la llegada de los europeos refuta las ideas coloniales de un continente inculto. No obstante, aún queda mucho por aprender sobre África. Hay muchos misterios que esperan ser resueltos y secretos que esperan ser desvelados. La investigación debe ser polifacética e incluir excavaciones arqueológicas, investigaciones genéticas y estudios lingüísticos. Este enfoque no solo ayuda a construir un relato histórico más completo, sino que también garantiza que la investigación sea integradora y respete el patrimonio cultural de la región.

Los esfuerzos arqueológicos en regiones como el Gran Zimbabue y los reinos del Sahel tienen el potencial de descubrir artefactos y estructuras que pueden aportar información sobre la vida cotidiana, las estructuras sociales y los avances tecnológicos de estas sociedades. Los edificios de Gran Zimbabue, con sus intrincados diseños y técnicas de construcción, podrían ofrecer pistas sobre las habilidades de ingeniería de África central. Del mismo modo, las excavaciones en el valle del Nilo y otros yacimientos históricos podrían revelar nuevos aspectos de las redes comerciales y los intercambios culturales dentro de África. Estudios recientes han identificado huellas de antiguos imperios africanos en el ADN de poblaciones africanas contemporáneas. Nuevas investigaciones ayudarán a explicar la migración y las interacciones de los pueblos de todo el continente.

El análisis lingüístico puede revelar aspectos de la organización social, las creencias religiosas, la cultura y la vida intelectual de civilizaciones que ya no existen. Descifrar el código lingüístico del Gran Zimbabue puede conducir a descubrimientos sorprendentes que podrían destruir las ideas contemporáneas. Ese fue el caso de la civilización maya. Al principio, los eruditos pensaban que los mayas eran una sociedad pacífica de observadores de las estrellas. Su capacidad para interpretar finalmente los glifos encontrados en los templos y monumentos mayas demostró que el pueblo participaba en guerras casi continuas. Lo poco que sabemos sobre el Gran Zimbabue podría estar equivocado, y debemos estar preparados para aceptar esa posibilidad.

Built Environment. Extraído de The African Exponenthttps://www.africanexponent.com/ancient-africas-contributions-to-modern-science-and-built-environment/.

Las creencias religiosas, las expresiones artísticas y las prácticas culturales de las antiguas sociedades africanas aún no se conocen en su totalidad. La excavación de lugares de culto, cementerios y creaciones artísticas podría ofrecer una ventana a la vida espiritual y cultural de estas sociedades. Profundizar en el comercio transahariano, las redes comerciales del océano Índico y la dinámica del comercio intraafricano podría darnos una mejor visión del papel del continente en la economía mundial. Analizar el cambio climático histórico nos ha permitido comprender mejor las decisiones tomadas por las civilizaciones maya y jemer. Investigar cómo los antiguos imperios africanos se adaptaron y respondieron a las fluctuaciones medioambientales puede ofrecernos ideas sobre la agricultura, las respuestas al cambio climático y el impacto de las actividades humanas en el medio ambiente.

La historia de los antiguos imperios africanos es una saga de logros e interacciones humanas. Profundizar en la investigación de estas sociedades no es solo una búsqueda académica, sino también una búsqueda de una comprensión más integradora y completa de la historia de la humanidad. Al explorar las preguntas sin respuesta y los territorios inexplorados, conseguiremos una apreciación más profunda del rico patrimonio del continente y de sus importantes contribuciones a la historia de la humanidad.

Vea más libros escritos por Enthralling History

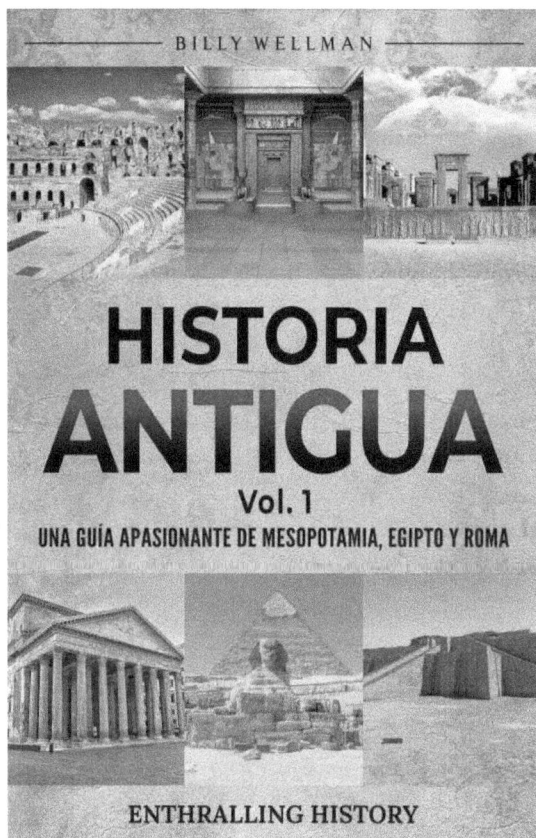

Bibliografía

Academic Accelerator. (2024, 13 de enero). Archaeological Evidence for the Origins and Spread of Iron Production in Africa. Extraído de Academic-accelerator.com: https://academic-accelerator.com/encyclopedia/iron-metallurgy-in-africa.

Afrikaiswoke.com. (2023, 15 de septiembre). 10 African Contributions to Civilization. Extraído de Afrikaiswoke.com: https://www.afrikaiswoke.com/african-contributions-to-civilization/.

Ancient Egypt Magazine. (2023, 6 de febrero). Neolithic Settlements of the Western Desert: Proto-villages of Stone Age Egypt. Extraído de the-past.com: https://the-past.com/feature/neolithic-settlements-of-the-western-desert-proto-villages-of-stone-age-egypt/.

Ancientegptianfacts.com. (2024, 19 de enero). Facts About Ancient Egyptians. Extraído de Ancientegptianfacts.com: https://ancientegyptianfacts.com/ptolemaic-period-egypt.html.

Anplifyafrica.org. (2024, 28 de enero). Africa Made Math: The Original Mathematicians. Extraído de Anplifyafrica.org: https://www.amplifyafrica.org/africa-made-math-the-original-mathematicians/.

Bevan, E. (2024, 19 de enero). Chapter IV: The People, the Cities, the Court. Extraído de Penelope.uchicago.edu: https://penelope.uchicago.edu/Thayer/E/Gazetteer/Places/Africa/Egypt/_Texts/BEVHOP/4B*.html.

Blatch, S. (2013, 1 de febrero). Great Achievements in Science and Technology in Ancient Africa. Extraído de Asbmb.org: https://www.asbmb.org/asbmb-today/science/020113/great-achievements-in-stem-in-ancient-africa.

Brewminate.com. (2019, 17 de abril). The Art and Architecture of Middle Kingdom Egypt c. 2055-1650 BCE. Extraído de brewminate.com: https://brewminate.com/the-art-and-architecture-of-middle-kingdom-egypt-c-2055-1650-bce/.

Brewminate.com. (2019, 19 de abril). The Art and Architecture of New Kingdom Egypt c. 1570-1069.BCE. Extraído de brewmintate.com: https://brewminate.com/the-art-and-architecture-of-new-kingdom-egypt-c-1570-1069-bce/.

Britannica, E. o. (2023, 30 de noviembre). Mamluk. Extraído de Britannica.com: https://www.britannica.com/topic/Mamluk.

Cartwright, M. (2016, 16 de junio). Carthaginian Society. Extraído de Worldhistory.org: https://www.worldhistory.org/article/908/carthaginian-society/.

Cartwright, M. (2016, 17 de junio). Carthaginian Trade. Extraído de Worldhistory.org: https://www.worldhistory.org/article/911/carthaginian-trade/.

Cartwright, M. (2016, 26 de mayo). First Punic War. Extraído de Worldhistory.org: https://www.worldhistory.org/First_Punic_War/.

Cartwright, M. (2016, 29 de mayo). Second Punic War. Extraído de Worldhistory.org: https://www.worldhistory.org/Second_Punic_War/.

Cartwright, M. (2016, 31 de mayo). Third Punic War. Extraído de Worldhistory.org: https://www.worldhistory.org/Third_Punic_War/.

Cartwright, M. (2018, 24 de julio). Lighthouse of Alexandria. Extraído de Worldhistory.org: https://www.worldhistory.org/Lighthouse_of_Alexandria/.

Cartwright, M. (2019, 5 de marzo). Ghana Empire. Extraído de World History Encyclopedia: https://www.worldhistory.org/Ghana_Empire/.

Cartwright, M. (2019, 21 de marzo). Kingdom of Axum. Extraído de Worldhistory.org: https://www.worldhistory.org/Kingdom_of_Axum/.

Cartwright, M. (2019, 13 de mayo). The Gold Trade of Ancient & Medieval West Africa. Extraído de Worldhistory.org: https://www.worldhistory.org/article/1383/the-gold-trade-of-ancient--medieval-west-africa/.

Cartwright, M. (2916, 8 de enero). Carthaginian Army. Extraído de Worldhistory.org: https://www.worldhistory.org/Carthaginian_Army/.

Cassar, C. (2023, 25 de agosto). Exploring the Egyptian Middle Kingdom—A Historical Overview. Extraído de Anthropologureview.org: https://anthropologyreview.org/history/ancient-egypt/exploring-the-egyptian-middle-kingdom-a-historical-overview/?expand_article=1.

Cerise Myers, E. C. (2024, 9 de enero). 5.2 Mesolithic Art. Extraído de Libretexts.org:

https://human.libretexts.org/Bookshelves/Art/Introduction_to_Art_History_I_%28Myers%29/05%3A_Art_of_the_Stone_Age/5.02%3A_Mesolithic_Art.

College Sidekick.com. (2024, 13 de enero). The Bronze Age. Extraído de Collegesidekick.com: https://www.collegesidekick.com/study-guides/boundless-arthistory/the-bronze-age.

DailyHistory.org. (2024, 22 de enero). What Were the Causes of the Second Punic War? Extraído de Dailyhistory.org: https://www.dailyhistory.org/What_were_the_causes_of_the_Second_Punic_War.

DeMola, P. (2013, 14 de marzo). Interrelations of Kerma and Pharaonic Egypt. Extraído de World History Encyclopedia: https://www.worldhistory.org/article/487/interrelations-of-kerma-and-pharaonic-egypt/.

Dickinson College Commentaries. (2024, 22 de enero). Carthage: Early History. Extraído de dcc.dickoinson.edu: https://dcc.dickinson.edu/nepos-hannibal/carthage-early-history.

Editors, H. (2013, 12 de junio). Punic Wars. Extraído de Hisory.com: https://www.history.com/topics/ancient-rome/punic-wars#first-punic-war-264-241-b-c.

EDU, W. H. (2023, 10 de mayo). Aristotle's Analysis of the Carthaginian Constitution. Extraído de Worldhistory.edu: https://worldhistoryedu.com/aristotles-analysis-of-the-carthaginian-constitution/.

Encyclopedia.com. (2024, 27 de enero). Empire of Ghana. Extraído de Encyclopedia.com: https://www.encyclopedia.com/history/encyclopedias-almanacs-transcripts-and-maps/empire-ghana.

EOTC. (2024, 13 de enero). Beliefs and Teachings of Ethiopian Orthodox Tewahedo Church. Extraído de keraneyo-medhanealem.com: https://www.keraneyo-medhanealem.com/beliefs-and-origins-7-sacraments-of.

Eries.org. (2024, 13 de enero). Kingdom of Aksum. Extraído de Eriesd.org: https://www.eriesd.org/cms/lib/PA01001942/Centricity/Domain/1041/6.2%20The%20Kingdom%20of%20Aksum-1.pdf.

Exponent, E. (2023, 14 de noviembre). Ancient Africa's Contributions to Modern Science and Built Environment. Extraído de The African Exponent: https://www.africanexponent.com/ancient-africas-contributions-to-modern-science-and-built-environment/.

Fitzgerald, S. (2023, 21 de noviembre). Mummified Baboons in Egypt Point to a Long Lost Land. Extraído de Atlas Obscura: https://www.atlasobscura.com/articles/mummified-baboons-punt.

Haughton, B. (2011, 1 de febrero). What Happened to the Great Library at Alexandria? Extraído de Worldhistory.org:

https://www.worldhistory.org/article/207/what-happened-to-the-great-library-at-alexandria/.

Hirst, K. (2019, 12 de mayo). The Kingdom of Kush: Sub-Saharan African Rulers of the Nile. Extraído de Thoughtco.com: https://www.thoughtco.com/the-kingdom-of-kush-171464.

Historyskills.com. (2024, 19 de enero). What Was the Middle Kingdom of Ancient Egypt? Extraído de Historyskills.com: https://www.historyskills.com/classroom/ancient-history/anc-middle-kingdom-reading/.

Historyrise.com. (2023, 24 de diciembre). Facts About Ancient Egypt Slaves: Historical Insights! Extraído de Historyrise.com: https://historyrise.com/facts-about-ancient-egypt-slaves/.

Historyrise.com. (2023, 25 de diciembre). What Advancements Did Ancient Egypt Make in Math and Science. Extraído de Historyrise.com: https://historyrise.com/advancements-in-ancient-egyptian-math-science/.

Historyskills.com. (2024, 19 de enero). How Egypt Became the Greatest Superpower of the Ancient World. Extraído de Hisoryskills.com: https://www.historyskills.com/classroom/ancient-history/egypt-ancient-superpower/.

Hunt, P. (2024, 22 de enero). Carthage. Extraído de Britannica.com: https://www.britannica.com/place/Carthage-ancient-city-Tunisia.

Huysecom, E. (2024, 9 de enero). Arguments for an Early Neolithic in Sub-Saharan Africa. Extraído de Ounjougou.org: https://www.ounjougou.org/en/projects/mali/archaeology/arguments-for-an-early-neolithic-in-sub-saharan-africa/.

Iniguez, N. (2020, 28 de febrero). The Rise, Decline, and Collapse of the Aksum Empire. Extraído de Storymaps.arcgis.com: https://storymaps.arcgis.com/stories/9b7b377398724be99a0d94dfa9f55550.

Jones, M. (2024, 3 de enero). The Second Punic War (218-201 BC): Hannibal Marches Against Rome. Extraído de Historyooperative.org: https://historycooperative.org/second-punic-war-hannibals-war-in-italy/.

K. Krois. Hirst. (2019, 12 de mayo). The Kingdom of Kush: Sub-Saharan African Rulers of the Nile. Extraído de Thoughtco.com: https://www.thoughtco.com/the-kingdom-of-kush-171464.

Kemezis, K. (2009, 22 de noviembre). Ancient Kush (2nd Millennium B.C. - 4th Century A.D.). Extraído de Blackpast.org: https://www.blackpast.org/global-african-history/ancient-kush-2nd-millennium-b-c-4th-century-d/.

Kessing, F. M. (2024, 9 de enero). Stone Age-African Tools, Artifacts, Culture. Extraído de Britannca.com: https://www.britannica.com/event/Stone-Age/Africa.

King, A. (2018, 25 de julio). The Economy of Ptolemaic Egypt. Extraído de Worldhistory.org: https://www.worldhistory.org/article/1256/the-economy-of-ptolemaic-egypt/.

Kipling, Rudyard (1899). The White Man's Burden. https://historymatters.gmu.edu/d/5478/.

Koutonin, M. (2016, 18 de agosto). Lost Cities: Racism and Ruins—The Plundering of Great Zimbabwe. Extraído de Theguardian.com: https://www.theguardian.com/cities/2016/aug/18/great-zimbabwe-medieval-lost-city-racism-ruins-plundering.

Lane, M. (2024, 21 de enero). How Did Muslims and Non-Muslims Interact in Ghana. Extraído de Ncesc.com: https://www.ncesc.com/geographic-faq/how-did-muslims-and-non-muslims-interact-in-ghana/.

LibreTexts. (2024, 27 de enero). 12.6 The Ghana Empire. Extraído de LibreTexts.org: https://human.libretexts.org/Courses/Lumen_Learning/Book%3A_Early_World_Civilizations_(Lumen)/Ch._11_African_Civilizations/12.6%3A_The_Ghana_Empire#:~:text=Ghana%E2%80%99s%20economic%20development%20and%20eventual%20wealth%20was%20linked,expansion%20to%20.

LibreTexts. (2024, 22 de enero). 4.2 Ancient Carthage. Extraído de Libretexts.org: https://human.libretexts.org/Courses/Lumen_Learning/Book%3A_Early_World_Civilizations_(Lumen)/Ch._03_Early_Civilizations_of_Africa_and_the_Andes/04.2%3A_Ancient_Carthage.

Lifepersona.com. (2024, 19 de enero). The 9 Most Important Contributions of Egypt to Humanity. Extraído de Lifepersona.com: https://www.lifepersona.com/the-9-most-important-contributions-of-egypt-to-humanity.

Lynch, P. (201, 5 de mayo). A Brutal and Bloody Affair: 6 Key Battles That Decided the First Punic War. Extraído de Historycollection.com: https://historycollection.com/roman-military-might-6-key-battles-decided-first-punic-war/.

Marc. (2022, 14 de octubre). The Kush Kingdom: A Major Power in the Ancient World. Extraído de Ilovelanguages.com: https://www.ilovelanguages.com/the-kush-kingdom-a-major-power-in-the-ancient-world/.

Mark, J. J. (2016, 9 de noviembre). Ancient Egyptian Science & Technology. Extraído de World History Encyclopedia: https://www.worldhistory.org/article/967/ancient-egyptian-science--technology/.

Mark, J. J. (2017, 21 de septiembre). Social Structure in Ancient Egypt. Extraído de History World Encyclopedia: https://www.worldhistory.org/article/1123/social-structure-in-ancient-egypt/.

Mark, J. J. (2023, 25 de julio). Library of Alexandria. Extraído de Worldhistory.org: https://www.worldhistory.org/Library_of_Alexandria/.

Mummified Baboons Point to the Direction of the Fabled Land of Punt. (2023, November 11). Extraído de Ars Technica: https://arstechnica.com/science/2023/11/mummified-baboons-point-to-the-direction-of-the-fabled-land-of-punt/.

Museum, T. B. (2024, 9 de enero). Rock art and the origins of art in Africa. Extraído de Khanacademy.org: https://www.khanacademy.org/humanities/ap-art-history/global-prehistory-ap/paleolithic-mesolithic-neolithic-apah/a/apollo-11-stones.

New World Encyclopedia. (2024, 19 de enero). Ptolemaic Dynasty. Extraído de New World Encyclopedia: https://www.newworldencyclopedia.org/entry/Ptolemaic_dynasty.

New World Encyclopedia. (2024, 25 de enero). Aksumite Empire. Extraído de NewWorldEncuclopedia.org: https://www.newworldencyclopedia.org/entry/Aksumite_Empire.

New World Encyclopedia. (2024, 27 de enero). Ghana Empire. Extraído de New World Encyclopedia: https://www.newworldencyclopedia.org/entry/Ghana_Empire.

Openstax.org. (2024, 13 de enero). 9.2 The Emergence of Farming and the Bantu Migrations. Extraído de Openstax.org: https://openstax.org/books/world-history-volume-1/pages/9-2-the-emergence-of-farming-and-the-bantu-migrations.

Pbs.org. (2024, 19 de enero). Art & Architecture. Extraído de Pbs.org: https://www.pbs.org/empires/egypt/newkingdom/architecture.html.

Peter F. Dorman, M. S. (2024, 19 de enero). Thutmose III. Extraído de Britannica.com: https://www.britannica.com/biography/Thutmose-III/Adornment-of-Egypt.

Pressbooks.bccampus.ca. (2024, 19 de enero). Middle Kingdom Art. Extraído de Art and Visual Culture: Prehistory to Renaissance: https://pressbooks.bccampus.ca/cavestocathedrals/chapter/middle-kingdom/.

Pressbooks.bccampus.ca. (2024, 19 de enero). New Kingdom Art. Extraído de pressbooks.bccampus.ca: https://pressbooks.bccampus.ca/cavestocathedrals/chapter/new-kingdom/.

Robert Maddin, T. S. (1977). Tin in the Ancient Near East: Old Questions and New Finds. Extraído de Penn Museum: https://www.penn.museum/sites/expedition/tin-in-the-ancient-near-east/.

Ross, E. G. (2002, octubre). The Age of Iron in West Africa. Extraído de Metmuseum.org: https://www.metmuseum.org/toah/hd/iron/hd_iron.htm.

S., A. (2015, 21 de diciembre). Mesolithic Social Life and Art. Extraído de Shorthistory.org: https://www.shorthistory.org/prehistory/mesolithic-social-life-and-art/.

Scoville, P. (2015, 6 de noviembre). Amarna Letters. Extraído de Worldhistory.org: https://www.worldhistory.org/Amarna_Letters/.

Shuttleworth, M. (2024, 28 de enero). Egyptian Astronomy. Extraído de Explorable.com: https://explorable.com/egyptian-astronomy.

Smith, P. (2015, 16 de septiembre). Nabta Playa: The Oldest Man-Made Structure in the World. Extraído de Historic Cornwell: https://www.historic-cornwall.org.uk/nabta-playa-the-oldest-man-made-structure-in-the-world/.

Smithsonian Institute. (2024, 3 de enero). Climate Effects on Human Evolution. Extraído de Humanorigons.si.edu: https://humanorigins.si.edu/research/climate-and-human-evolution/climate-effects-human-evolution.

Soto, N. (2024, 16 de enero). Who Destroyed the Ghana Empire. Extraído de Ncesc.com: https://www.ncesc.com/geographic-faq/who-destroyed-the-ghana-empire/.

Staff, E. (2021, 31 de octubre). Carthaginian Trade: Trade Routes of Ancient Carthage. Extraído de Carthagemagazine.com: https://carthagemagazine.com/carthaginian-trade-routes-of-ancient-carthage/.

Taronas, L. (2024, 19 de enero). Akhenaten: The Mysteries of Religious Revolution. Extraído de Arce.org: https://arce.org/resource/akhenaten-mysteries-religious-revolution/.

Team, E. (2018, 21 de octubre). Kingdom of Punt: When Ancient Egypt Envied Somalia. Extraído de Thinkafrica.net: https://thinkafrica.net/land-of-punt/.

Team, E. (2018, 3 de noviembre). The Kingdom of Kerma (2500-1500 BC). Extraído de Thinkafrica.net: https://thinkafrica.net/the-kingdom-of-kerma-2500-1500-bc/.

Thomas Garnet, H. J. (2024, 13 de enero). Egyptian Art and Architecture. Extraído de Britannca.com: https://www.britannica.com/topic/Martin-Luther-King-Jr-1929-68-2229053

Tyson, P. (2009, 1 de diciembre). Where is Punt? Extraído de PBS.org: https://www.pbs.org/wgbh/nova/article/egypt-punt/.

Wasson, D. L. (2016, 29 de septiembre). Ptolemaic Dynasty. Extraído de Worldhistory.org: https://www.worldhistory.org/Ptolemaic_Dynasty/.

Wendorg, M. (2023, 23 de abril). Ancient Egyptian Technology and Inventions. Extraído de Interesting Enginerring.com: https://interestingengineering.com/lists/ancient-egyptian-technology-and-inventions.

Fuentes de imágenes

[1] *Museo de Toulouse, CC BY-SA 4.0 <https://creativecommons.org/licenses/by-sa/4.0>, vía Wikimedia Commons; https://commons.wikimedia.org/wiki/File:Biface_Cintegabelle_MHNT_PRE_2009.0.201.1_V2.jpg*

[2] David Stanley de Nanaimo, Canadá, *CC BY 2.0 <https://creativecommons.org/licenses/by/2.0>, vía Wikimedia Commons; https://commons.wikimedia.org/wiki/File:Prehistoric_Rock_Paintings_at_Manda_Gu%C3%A9li_Cave_in_the_Ennedi_Mountains_-_northeastern_Chad_2015.jpg*

[3] Jon Bodsworth, uso libre bajo derechos de autor, vía Wikimedia Commons; https://commons.wikimedia.org/wiki/File:PepiI-CopperStatue-Cropped.png

[4] *Mapa original: Adición de Lommes del corazón kushita; Fuente: National Geographic 2019, CC BY-SA 4.0 <https://creativecommons.org/licenses/by-sa/4.0>, vía Wikimedia Commons; https://commons.wikimedia.org/wiki/File:Kushite_heartland_and_Kushite_Empire_of_the_25th_dynasty_circa_700_BCE.jpg*

[5] *Matthias Gehricke, CC BY-SA 4.0 <https://creativecommons.org/licenses/by-sa/4.0>, vía Wikimedia Commons; https://commons.wikimedia.org/wiki/File:Rulers_of_Kush,_Kerma_Museum.jpg*

[6] *Aldan-2, CC BY-SA 4.0 <https://creativecommons.org/licenses/by-sa/4.0>, vía Wikimedia Commons; https://commons.wikimedia.org/wiki/File:The_Kingdom_of_Aksum.png*

[7] *Classical Numismatic Group, Inc. http://www.cngcoins.com, CC BY-SA 3.0 <http://creativecommons.org/licenses/by-sa/3.0/>, vía Wikimedia Commons; https://commons.wikimedia.org/wiki/File:AXUM._Ezanas._Circa_330-360.jpg*

[8] *Tesfawel, CC BY-SA 4.0 <https://creativecommons.org/licenses/by-sa/4.0>, vía Wikimedia Commons; https://commons.wikimedia.org/wiki/File:Aksum_obelisk.jpg*

[9] *Bernard Gagnon, CC BY-SA 3.0 <https://creativecommons.org/licenses/by-sa/3.0>, vía Wikimedia Commons; https://commons.wikimedia.org/wiki/File:Bete_Abba_Libanos.jpg*

[10] *Sailko, CC BY 3.0 <https://creativecommons.org/licenses/by/3.0>, vía Wikimedia Commons; https://commons.wikimedia.org/wiki/File:Aksum,_stele_3_detta_di_re_ezana,_1%27unica_mai_c rollata_04.jpg*

[11] *Sin restricciones; https://commons.wikimedia.org/wiki/File:Abhandlungen_der_K%C3%B6niglich_Preussischen_ Akademie_der_Wissenschaften_aus_dem_Jahre_(1902)_(16765759871).jpg*

[12] *Ricardo Liberato, CC BY-SA 2.0 <https://creativecommons.org/licenses/by-sa/2.0>, vía Wikimedia Commons; https://commons.wikimedia.org/wiki/File:All_Guizah_Pyramids-2.jpg*

[13] *Charles J. Sharp, CC BY-SA 3.0 <https://creativecommons.org/licenses/by-sa/3.0>, vía Wikimedia Commons; https://commons.wikimedia.org/wiki/File:Saqqara_pyramid_ver_2.jpg*

[14] *https://commons.wikimedia.org/wiki/File:Moskou-papyrus.jpg*

[15] *René Hourdry, CC BY-SA 4.0 <https://creativecommons.org/licenses/by-sa/4.0>, vía Wikimedia Commons; https://commons.wikimedia.org/wiki/File:Temple_de_Louxor_68.jpg*

[16] *Museo Británico, CC BY-SA 3.0 <http://creativecommons.org/licenses/by-sa/3.0/>, vía Wikimedia Commons; https://commons.wikimedia.org/wiki/File:StatueOfSesotrisIII-EA684- BritishMuseum-August19-08.jpg*

[17] *Tekisch, CC BY-SA 3.0 <https://creativecommons.org/licenses/by-sa/3.0>, vía Wikimedia Commons; https://commons.wikimedia.org/wiki/File:Black_Pyramid_of_Amenemhat_III.JPG*

[18] *ArdadN, Jeff Dahl, CC BY-SA 3.0 <https://creativecommons.org/licenses/by-sa/3.0>, vía Wikimedia Commons; https://commons.wikimedia.org/wiki/File:Egypt_NK_edit.svg*

[19] *Diego Delso, CC BY-SA 4.0 <https://creativecommons.org/licenses/by-sa/4.0>, vía Wikimedia Commons; https://commons.wikimedia.org/wiki/File:Templo_funerario_ de_Hatshepsut,_Luxor,_Egipto,_2022-04-03,_DD_13.jpg*

[20] *MusikAnimal, CC BY-SA 4.0 <https://creativecommons.org/licenses/by-sa/4.0>, vía Wikimedia Commons; https://commons.wikimedia.org/wiki/File:Colossi_of_Memnon_May_2015_2.JPG*

[21] *Lassi, CC BY-SA 4.0 <https://creativecommons.org/licenses/by-sa/4.0>, vía Wikimedia Commons; https://commons.wikimedia.org/wiki/File:Kerma_city.JPG*

[22] *https://commons.wikimedia.org/wiki/File:Wallpaper_group-pmg-4.jpg*

[23] *damian entwistle, CC BY-SA 2.0 <https://creativecommons.org/licenses/by-sa/2.0>, vía Wikimedia Commons; https://commons.wikimedia.org/wiki/File:Carthage_National_ Museum_representation_of_city.jpg*

[24] *Harrias, CC BY-SA 4.0 <https://creativecommons.org/licenses/by-sa/4.0>, vía Wikimedia Commons; https://commons.wikimedia.org/wiki/File:First_Punic_War_264_BC_v3.png*

[25] *Obra grandiosederivada: Augusta 89, CC BY-SA 3.0 <https://creativecommons.org/licenses/by- sa/3.0>, vía Wikimedia Commons; https://commons.wikimedia.org/wiki/File:Map_of_ Rome_and_Carthage_at_the_start_of_the_Second_Punic_War_2.svg*

[26] *Goran tek-en, CC BY-SA 4.0 <https://creativecommons.org/licenses/by-sa/4.0>, vía Wikimedia Commons; https://commons.wikimedia.org/wiki/File:Western_Mediterranean_ territory,_150_BC.svg*

[27] *Luxo, CC BY-SA 3.0 <http://creativecommons.org/licenses/by-sa/3.0/>, vía Wikimedia Commons; https://commons.wikimedia.org/wiki/File:Ghana_empire_map.png*

www.ingramcontent.com/pod-product-compliance
Lightning Source LLC
LaVergne TN
LVHW051744080426
835511LV00018B/3222